Denis THOUARD

SEIGNEUR, RIEN N'EST PLUS VRAI QUE TA PAROLE

HOMÉLIES POUR L'ANNÉE B

Marie-Joseph Le Guillou

SEIGNEUR, RIEN N'EST PLUS VRAI QUE TA PAROLE

HOMÉLIES POUR L'ANNÉE B

Parole et Silence

Du même auteur,
aux éditions Parole et Silence

L'Innocent, Celui qui vient d'ailleurs, Réédition Cerf/Parole et Silence, 1998.

Ouvrages posthumes

Le témoignage de Dieu, Parole et Silence, 1996.

Entrons dans la prière du Seigneur, Parole et Silence, 1997.

L'Eglise lumière dans notre nuit, Parole et Silence, 1997.

La puissance de l'amour de Dieu dans Sa Parole. Homélies année C, Parole et Silence, 1997.

Chemin de croix et Sept dernières paroles du Christ en croix, Parole et Silence, 1998.

La puissance de l'amour de Dieu dans Sa Parole. Homélies année A, Parole et Silence, 1998.

Colloque sur la pensée du Père Le Guillou

Quand un homme témoigne de Dieu, Le Père Marie-Joseph Le Guillou, Colloque tenu les 5, 6 et 7 janvier 1998 à Paris, Parole et Silence, 1998.

Éditions Parole et Silence
64, avenue du Bois-Guimier – 94100 Saint-Maur
ISBN 2-911940-85-7

Présentation

Après les homélies de l'année A *L'amour du Père révélé dans sa Parole*, les homélies de l'année C *La puissance de l'amour de l'amour de Dieu dans sa Parole*, voici les homélies de l'année B : *Seigneur, rien n'est plus vrai que ta Parole.*

En reprenant l'ensemble des homélies de ces trois années, il est surprenant de déceler le même axe : la révélation du visage de Dieu et de son dessein d'amour à travers les différents évènements de l'année liturgique.

Les homélies ont un abord simple qu'à première lecture, on peut survoler. À y regarder de plus près, elles sont source d'émerveillement de l'Amour de Dieu et conduisent à une intériorité du mystère.

Pour en avoir été témoin, chaque préparation faisait l'objet d'une longue méditation de l'Écriture en grec puis d'un temps de contemplation. Dans l'Esprit Saint, le Père Le Guillou préparait un plan et parlait ensuite aux fidèles sans aucun papier.

Il se trouve que j'ai découvert récemment, dans des notes écrites à la Sainte Baume, quelques lignes qui expliquent avec vigueur ce qu'est une homélie pour lui. Je vous les livre car elles sont le fil conducteur de ce livre :

> *« Je suis frappé (de voir) combien nous sommes tous menacés par le respect humain à parler de Dieu. Nous sommes envoyés de par Dieu ! en vue de Dieu. Je pense que si nous avions le sens de Dieu, notre prédication s'en trouverait changée. Il s'agit de parler aux hommes. Il me semble que là nous avons à nous renouveler car il ne s'agit pas de faire un cours mais de parler, c'est-à-dire de nous remettre en ques-*

tion au nom de la Parole. (Nécessité de travailler pour parler).

« Mais sans faire de fidéisme, avec, au contraire, une orientation très fondamentale vers la structuration théologique.

« Pas d'enseignement notionnel,

« Mais s'adresser à tout l'homme – un style !

« Crux sanctae préedicationis. Annoncer la Croix au monde ! Retrouver le sens oriental et constructeur de la Croix !

« Retrouver la brûlure de la présence divine, à une condition : qu'elle nous ait brûlés nous-mêmes de l'intérieur. Ceci suppose un style de vie : ministère de salut, vocation contemplative, obligation de clarté. »

Être un homme blessé ! être roc. Ne pas dire des paroles irréelles mais participer à l'agonie du Christ (cf. pénitence).

Le 15 septembre 1999
Sœur Marie-Agnès

Premier dimanche de l'Avent

Isaïe 63,16…64,7 1 Corinthiens 1, 3-9 Marc 13, 33-37

Aujourd'hui, je voudrais vous délivrer un message de joie. Saint-Paul nous y invite ainsi : « *Que la grâce et la paix soient avec vous, de la part de Dieu notre Père et de Jésus-Christ le Seigneur* ». Nous avons donc à rendre grâce. Le temps de l'Avent n'est pas un temps de tristesse. C'est un temps d'attente de toutes les richesses du Seigneur, celles de la puissance de sa Parole et celles de sa connaissance. Tout nous est donné dans le Christ et par le Christ : aucun don spirituel ne nous manque et tout se révèlera au dernier jour. Mais en attendant, à l'évidence, nous bénéficions de la fidélité du Seigneur : elle est totale, elle est absolue. Dieu ne nous abandonne jamais puisqu'il nous a appelés à vivre en communion avec son fils Jésus-Christ notre Seigneur. Le temps de l'Avent nous demande de mieux percevoir la joie dans la fidélité du Seigneur, la joie dans son amour qui nous enveloppe et nous précède de partout.

Le livre d'Isaïe met en relief la conscience que nous devons avoir du péché : « *Tu étais irrité par notre obstination dans le péché et pourtant nous serons sauvés. Nous étions tous semblables à des hommes souillés, et toutes nos belles actions étaient comme des vêtements salis* ». Pour être joyeux, il faut avoir en soi la conscience de notre péché et en même temps la conscience de l'amour du Seigneur qui, dans sa fidélité, nous enveloppe de son amour. Nous avons besoin de lui pour découvrir notre misère, notre faiblesse, sinon comme le dit Pascal : « Si tu voyais ton péché, tu perdrais cœur ». Il a raison. Voilà pourquoi Isaïe fait une demande à Dieu qui jaillit du fond de son cœur : « *Ah ! Si tu déchirais les cieux, si tu descendais* ». Et bien, le Seigneur a déchiré les cieux et il est descendu parmi nous. Il nous prend dans son mystère d'amour et de joie dont nous allons découvrir la profondeur dans la mesure où nous nous découvrons, comme le dit l'Ecriture avec une certaine brutalité, des hommes souillés. Le Seigneur a besoin de venir en nous. Il vient à notre rencontre car c'est lui qui nous transforme.

Lorsque le Christ parle de sa venue, il insiste sur la veille : « *Veillez donc, car vous ne savez pas quand le maître de la maison reviendra... Ce que je vous dis là, je le dis à tous : Veillez* ». Nous pouvons nous appuyer sur les paroles du Seigneur pour découvrir à quel point nous avons à lui être présents, d'une présence d'amour, de joie et de paix. En ce temps d'Avent, je vous convie à découvrir la joie paradisiaque qui est dans le cœur du Seigneur. C'est celle du Christ allant à la croix pour aller vers le Père. Il nous laisse avec ces paroles : « *Je vous laisse la paix ; c'est ma paix que je vous donne* » (Jn 14, 27) et « *Je vous dis cela pour que ma joie soit en vous et que votre joie soit complète* » (Jn 15, 11). Il n'y a pas de plus beau témoignage que celui-là : le Seigneur nous donne la joie de Dieu, la joie intérieure de la communion avec Dieu et il nous fait tenir solidement jusqu'au bout. Nous devons demander au Seigneur la grâce de lui faire don de notre liberté pour tenir solidement puisqu'il nous donne sa grâce et sa paix, son amour et sa tendresse avec une prodigalité invraisemblable, dans un don toujours renouvelé. Le Seigneur n'est que don et amour : nous devons être là présents pour tous les hommes.

En ce temps d'Avent, je voudrais que nous ayons dans le cœur la présence du monde entier et particulièrement des hommes qui ne sont pas chrétiens. Ceux-ci n'ont pas la Parole que le Seigneur a prononcée dans le monde et il dépend, peut-être, de nous qu'ils l'entendent. Pour cela, il faut que les chrétiens témoignent de la Parole du Seigneur.

Demandons au Seigneur, dans l'Eucharistie, une ouverture incessante à sa Parole, une découverte renouvelée de ce qu'il est. Veillez, réveillez-vous ! C'est le moment de découvrir ce qu'il y a de plus intime en notre propre cœur, c'est le moment de découvrir ce qui fait la joie du Seigneur. Il est là, il est vivant, il aime chacun d'entre nous avec une tendresse incomparable puisque c'est celle de Dieu, donc de l'amour. Chantons notre reconnaissance au Seigneur et demandons-lui la grâce de communiquer le témoignage de sa paix, le témoignage de son don, le témoignage de son amour. Soyons des hommes libérés par la Parole de Dieu, des hommes transfigurés par sa Parole, des hommes marqués par la Parole de Dieu au plus profond de leur être. Dieu nous appelle et vient chercher chacun de nous à sa façon. Laissons-nous faire, intercédons les uns pour les autres. Nous pouvons tout demander pour nos frères et nous sommes assurés que le Seigneur nous exaucera, je vous le promets. Alors soyons dans la joie et dans la paix. Amen !

Deuxième dimanche de l'Avent

Isaïe 40, 1-11   2 Pierre 3, 8-14   Marc 1, 1-8

L'Eglise nous donne aujourd'hui des textes de l'Ecriture qui nous mettent dans un climat de fête et de joie. Ceux-ci nous rappellent tout de suite la joie que le Seigneur nous donnera et nous demandera d'avoir dans nos cœurs quand il nous quittera pour aller vers son Père.

Dans le livre d'Isaïe, il y a un appel à dépasser tout ce qu'il y a de négatif pour retrouver la splendeur du mystère de Dieu : « *Consolez, consolez mon peuple, dit votre Dieu. Parlez au cœur de Jérusalem et proclamez que son service est accompli, que son crime est pardonné* » ou encore : « *Comme un berger, il conduit son troupeau : son bras rassemble les agneaux, il les porte sur son cœur* ». Il n'y a pas de plus belles formules qui puissent nous donner la joie. Le temps de l'Avent n'est pas un temps de tristesse mais un temps de joie qui s'ouvre sur la fête de Noël et le retour du Christ qui mettra en pleine lumière la gloire de Dieu au cœur du monde, comme nous l'annonce Isaïe : « *La gloire du Seigneur se révèlera et tous en même temps verront que la bouche du Seigneur a parlé* ».

Il faut donc que notre joie soit vivante et qu'elle se développe constamment. Cette joie est personnifiée par Jean Baptiste qui proclame un baptême de conversion pour le pardon des péchés. Un baptême de conversion. Conversion et joie vont ensemble. La conversion consiste à retourner son cœur comme un gant pour pouvoir, comme nous dit Saint Marc : « *Préparez le chemin du Seigneur et rendez droits ses sentiers* ». Cette invitation est un appel à répondre au salut que le Seigneur vient nous apporter. Car si tout nous est donné merveilleusement par le Seigneur, il nous est demandé de nous engager dans son mystère. Il faut engager le tout de nos êtres, le tout de nos possibilités. Nous avons à dire au Seigneur que nous le suivons et que nous sommes à lui : « *Moi, je vous ai baptisés dans l'eau ; lui vous baptisera dans l'Esprit-Saint* ». Quelle formule étonnante ! Mais quelle merveilleuse aventure que celle du chrétien qui découvre le salut de Dieu et l'action du Seigneur dans sa vie ! Nous sommes des êtres habités par Dieu qui ne demande qu'à venir habiter en nous encore plus profondément. Nos difficultés doivent disparaître pour qu'apparaisse le mystère du Seigneur. C'est à cette condition que la joie du Seigneur transparaîtra dans nos vies, qu'elle s'épanouira comme elle l'a fait en Pierre qui montre dans sa lettre une tendresse infinie pour les membres de sa communauté.

Pierre emploie une formule étonnante pour que tous entrent dans la vraie connaissance du Seigneur et la parfaite clairvoyance de ce qu'ils doivent faire : « *Frères bien-aimés, il y a une chose que vous ne devez pas oublier : pour le Seigneur un seul jour est comme mille ans, et mille ans sont comme un jour. Le Seigneur n'est pas en retard pour tenir sa promesse, comme le pensent certaines personnes ; c'est pour vous qu'il patiente : car il n'accepte pas d'en laisser quelques-uns se perdre ; mais il veut que tous aient le temps de se convertir... Dans l'attente de ce jour, frères bien-aimés, faites donc tout pour que le Christ vous trouve nets et irréprochables, dans la paix* ». Nous sommes des êtres habités par Dieu et nous avons besoin de la connaissance de tout son amour qui nous emporte dans son cœur : c'est à ce niveau qu'il nous faut vivre.

Nous marchons vers le jour du Christ c'est-à-dire vers le jour où Dieu nous délivrera totalement de ce corps de mort pour nous livrer à sa plénitude et à sa joie. Dès maintenant, il nous faut devenir des êtres nouveaux comme le dit saint Irénée : « En s'apportant lui-même, il a apporté toute plénitude ». C'est cette plénitude de justice, cette plénitude d'amour, cette plénitude de connaissance que nous demanderons au Seigneur. J'aime souligner l'amour de Dieu qui habite ces témoins vivants que sont les apôtres Pierre, Paul, Jacques ou Jean : ils doivent être pour nous plus proches que tout au monde dans le Christ. Il faut les découvrir dans la lumière du Seigneur car nous faisons partie du même mystère. Oui, nous sommes engagés dans le même mystère et la gloire du Seigneur se révèlera.

Nous avons à chanter Dieu, à le louer, à le bénir. Béni soit le Père de notre Seigneur Jésus-Christ qui nous a bénis de toutes sortes de bénédictions spirituelles dans les cieux. (cf Eph 1). Bénissons en ce temps d'Avent. Bénissons le Seigneur pour tout ce qu'il a fait, tout ce qu'il va faire en sa venue ici-bas et pour sa seconde venue lorsqu'il viendra nous prendre pour transformer nos corps.

Demandons au Seigneur le pardon de nos péchés et ouvrons-nous à la miséricorde infinie de Dieu qui dépasse tout ce qu'on peut imaginer en nous révélant son vrai visage. Tout ravin sera comblé. Tout homme verra le salut de Dieu. On ne peut mieux dire. Que le Seigneur nous aide à prier pour le salut du monde, pour le triomphe de son amour qui nous appelle à une intelligence plus vraie du mystère du Christ. Nous dépendons de son mystère, notre vocation est d'aimer le Christ du plus profond de notre cœur. Que la joie et la paix du Christ soient dans votre cœur et vous verrez que le Seigneur est là dans une présence infinie, celle même de l'amour. Amen !

Troisième dimanche de l'Avent

Isaïe 61, 1-11 1 Thessaloniciens 5, 16-24 Jean 1, 6-28

Les trois lectures que l'Eglise, en ce dimanche, nous demande de méditer sont comme trois appels à la joie. Saint Paul nous dit : « *Frères, soyez toujours dans la joie, priez sans relâche, rendez grâces en toutes circonstances : c'est ce que Dieu attend de vous dans le Christ Jésus* ». C'est le cri de Paul, c'est le cri d'un homme qui a passé sa vie sur les routes du monde et qui a subi tant de difficultés et de souffrances. Et pourtant c'est le même qui nous dit : « Soyez toujours dans la joie ». La joie est le signe que la nature a atteint son but et alors tout s'éclaire à sa lumière divine : « *Que le Dieu de la paix lui-même vous sanctifie tout entiers et qu'il garde parfaits et sans reproche votre esprit, votre âme et votre corps pour la venue de notre Seigneur Jésus Christ.* ». Nous sommes en marche vers Noël et nous devons comprendre qu'au plus profond de ce mystère, il nous faut recevoir la connaissance de Dieu que Jésus Christ veut pour nous. « *N'éteignez pas l'Esprit, ne repoussez pas les prophètes, mais discernez la valeur de toute chose. Ce qui est bien, gardez-le ; éloignez-vous de tout ce qui porte la trace du mal... Il est fidèle le Dieu qui vous appelle : tout cela, il l'accomplira* ». Le Seigneur nous demande la joie de la fidélité qui jaillit de notre adhésion à la volonté de Dieu, à la volonté toute-puissante qui repose dans le cœur du Christ et qu'il nous a transmise.

Le Seigneur nous demande de nous appuyer sur la vérité de Dieu. Et l'Eglise veut nous dire ce que Jean-Baptiste dit clairement : il n'est pas le Seigneur : « *Voici quel fut le témoignage de Jean-Baptiste, quand les Juifs lui envoyèrent de Jérusalem des prêtres et des lévites pour lui demander : "Qui es-tu ?". Il le reconnut ouvertement, il déclara : "Je ne suis pas le Messie". Ils lui demandèrent :*

“Qui es-tu donc ? Es-tu le prophète Elie ?”. Il répondit : “Non”. “Alors, es-tu le grand prophète ?”. Il répondit : “Ce n'est pas moi”. On constate facilement la force de son non : il dit la vérité. Jean Baptiste est une figure extraordinaire du début du christianisme. Il est chargé d'annoncer la venue du Seigneur et de l'Esprit-Saint. « *Moi, je baptise dans l'eau. Mais au milieu de vous se tient celui que vous ne connaissez pas : c'est lui qui vient après moi, et je ne suis même pas digne de défaire la courroie de sa sandale* ». C'est là qu'éclate la grandeur de Jean-Baptiste. Il disparaît derrière son Maître, celui qu'il annonce afin que la vraie présence du Christ se manifeste. Il ne baptise pas comme le Christ baptisera dans l'Esprit-Saint et le feu. L'Esprit-Saint est toute lumière et toute fidélité. Nous avons à découvrir avec Jean-Baptiste la vérité de Dieu. Jean-Baptiste est le témoin de la lumière mais il n'est pas la lumière. Jésus baptisera d'une tout autre manière avec l'Esprit-Saint que le Père lui donne, avec l'amour même de Dieu.

C'est ce qui fait que le texte d'Isaïe, que nous avons en première lecture, est si important : « *L'Esprit du Seigneur Dieu est sur moi parce que le Seigneur m'a consacré par l'onction. Il m'a envoyé porter la bonne nouvelle aux pauvres... Je tressaille de joie dans le Seigneur, mon âme exulte en mon Dieu* ». Ce que le Seigneur nous demande, c'est d'avoir au cœur cette paix, cette joie immense qui est la joie de Dieu. Tout s'oriente vers la joie. L'Evangile est un évangile de joie car c'est la bonne nouvelle, oui c'est la joie de la bonne nouvelle. Dans l'évangile, « ne crains pas » revient souvent. C'est la présence de Celui qui est le Tout-Puissant et qui veut nous manifester son amour. « *Il m'a enveloppé du manteau de l'innocence, il m'a fait revêtir les vêtements du salut, comme un jeune époux se pare du diadème, comme une mariée met ses bijoux* ». Il ne peut y avoir pour chacun d'entre nous plus beau souhait que celui-là.

Nous avons à demander au Seigneur la transformation de notre être mais à condition d'accepter l'amour de Dieu tel qu'il se manifeste. C'est un abaissement de l'être de Jésus-Christ en notre faveur. De cette reconnaissance jaillit la joie, la joie qui ne se donne pas comme si on pouvait l'acheter mais la joie qui se donne gratuitement et librement, la joie qui absorbe toutes nos inquiétudes et qui fait, comme le dit saint Paul, que nous rendons grâce en toutes circonstances. Cela peut paraître insensé, c'est pourtant la vérité.

Nous attendons de vivre cette action de grâce en plénitude mais toute Eucharistie est la préfiguration de cette action de grâce. En ce temps préparatoire à Noël, je ne puis vous dire qu'une chose : soyez dans la joie de Dieu malgré la souffrance du monde, malgré les difficultés quotidiennes, malgré tout ce qui peut se passer. Le Seigneur est là, dans sa transparence, dans sa paix qui est au-delà de tout et qui garde notre cœur et notre intelligence dans le Christ Jésus.

Le Seigneur vient ! Ce n'est pas une formule littéraire. Il s'est engagé, il est venu dans le Christ, il reviendra dans la gloire. Et nous serons avec lui. Pensez-vous souvent à cette rencontre que nous aurons chacun d'entre nous avec le Seigneur ? Elle doit commencer dès maintenant. Demandons au Seigneur d'entrer dans sa paix qu'on ne peut imaginer, qui dépasse toute espérance. Le Seigneur est plein de bonté et de miséricorde. Il nous aime et nous donne d'être fidèles. Que notre sérénité soit connue de tous les hommes. Le chrétien est un signe par sa simplicité et sa vérité dans le mystère de Dieu. Nous connaissons Dieu, nous avons fait l'expérience de Dieu. A nous de nous laisser emporter par ce don du Seigneur, alors nous rendrons grâce à Dieu en toutes circonstances et nous ne serons inquiets de rien. Amen.

Quatrième dimanche de l'Avent

2 Samuel 7, 1-16 Romains 16, 25-27 Luc 1, 26-38

La fête de Nöel est maintenant très proche. Ce sera le jour où l'Eglise réactualisera l'avènement du Seigneur qui vient demeurer parmi nous jusqu'à sa mort et sa résurrection pour nous entraîner avec lui dans sa gloire. Il est merveilleux d'entendre le texte de Luc où l'ange dit à Marie : « *Réjouis-toi, comblée de grâce, le Seigneur est avec toi* ». Quelle merveille ! Sommes-nous émerveillés de l'amour du Seigneur, de sa plénitude, de la joie de son dessein de sauver tous les hommes ? Marie rend présente la foi en Dieu, elle donne sa foi au monde et nous aide à entrer dans la compréhension de Dieu. « *Sois sans crainte, Marie, car tu as trouvé grâce auprès de Dieu.* » Il n'y a pas de plus bel éloge que celui-ci, il n'y a pas de plus beau chant ! Marie est vraiment la bénie. Elle est bénie par le Père et nous fait entrer dans son mystère d'amour, ce qui est essentiel pour nous.

Le Christ est étonnant : Il est le Principe, Il est le Tout. Il nous prend au plus profond de lui-même pour nous établir dans sa vérité. Tout son être est vérité. Nous avons à nous unir au Seigneur dans la vérité de sa Parole, dans la vérité de son don et pour cela nous avons besoin d'écouter la Parole pour qu'elle s'ancre au plus profond de nous-mêmes. « *Voici que tu vas concevoir et enfanter un Fils ; tu lui donneras le nom de Jésus. Il sera grand, il sera appelé Fils du Très-Haut ; le Seigneur Dieu lui donnera le trône de David son père ; il règnera pour toujours sur la maison de Jacob, et sa royauté n'aura pas de fin.* » Nous sommes tous des enfants de Marie, nous avons besoin de notre Mère pour entrer dans le message du Seigneur. Elle est celle qui est entrée dedans jusqu'au bout. Elle y est entrée en faisant en elle toute la vérité : « *Comment cela va-t-il se faire ? Je suis vierge ».* *L'ange lui répondit : « L'Esprit-Saint viendra sur toi, et la puissance du Très-Haut te prendra sous son ombre ; c'est pourquoi l'enfant qui va naître sera saint, et il sera appelé Fils de Dieu »* Marie est pleine de vérité c'est-à-dire pleine d'amour. Dans l'Evangile, croire à la vérité c'est croire à la plénitude de l'amour, croire à cette transfiguration de nous-mêmes, que le Seigneur peut faire. Il faut préparer Noël en ornant nos cœurs, en les laissant se transformer par la grâce, en les ouvrant à la puissance de l'Esprit. Il faut que le Seigneur fasse la percée en nous, qu'il nous mette dans la paix et dans la joie, qu'il nous fasse pénétrer dans ce bonheur. Le Seigneur a besoin, si je puis dire, de l'offrande de tous les hommes pour les livrer au Père.

Le texte de l'épître aux Romains souligne cela : « *Oui, voilà le mystère qui est maintenant révélé : il était resté dans le silence depuis toujours, mais aujourd'hui il est manifesté. Par ordre du Dieu éternel et grâce aux écrits des prophètes, ce mystère est porté à la connaissance de toutes les nations pour les amener à l'obéissance de la foi* ». Ce texte fait écho à la réponse de Marie à l'ange : « *Voici la servante du Seigneur ; que tout se passe pour moi comme tu viens de le dire* » et à la parole de Jésus à son Père. Il nous appelle à faire de même. Le cœur de l'Evangile est la parole du Christ « Je suis venu pour faire ta volonté ». C'est aussi ce que le Seigneur veut faire dans chacune de nos vies. Nous sommes sanctifiés grâce à l'offrande que Jésus-Christ a faite de son corps une fois pour toutes. La vérité de l'Evangile est la transformation du monde par la puissance de Dieu. Nous avons à vivre de cette vérité toute amoureuse du Père, vérité qui est conformité à notre Seigneur qui livre son corps pour monter sur la croix. Car, au cœur même de l'Annonciation qui est pleine de joie, il y a tout simplement la croix. La croix est là, elle se profile à l'horizon de la conscience de Marie. Tout son être est donné, tout son être est livré et elle nous appelle à lui ressembler. Pour cela, il faut croire à la Parole de Dieu avec la simplicité des enfants. Ne nous y trompons pas : il est très difficile d'entrer dans le mystère de Dieu. Il faut supplier le Seigneur dans la prière de nous faire entrer dans son mystère et dans celui de son Père. La vérité doit habiter notre cœur, elle doit illuminer tout notre être, alors nous pouvons, comme Marie, bénir le Seigneur.

Préparer Noël, c'est préparer ce mystère de bénédiction, de vérité, de gloire, d'amour qui va nous envahir. C'est se préparer à la transformation de notre cœur par le contact avec la volonté de Dieu et sa Parole : « Je suis venu faire ta volonté... Qu'il me soit fait selon ta Parole ». Il est important de reconnaître le rapprochement entre le don de Marie et le don du Christ qui nous enveloppent tout entiers car c'est en lui et c'est en elle que tout nous est donné. Que la volonté de Dieu éclate dans nos cœurs grâce à l'offrande que Jésus-Christ a faite de lui-même.

Entrons une fois pour toutes dans la volonté du Seigneur. Laissons-nous transfigurer par cet amour, par cette présence. Le Seigneur n'a pas besoin d'holocaustes mais il nous demande de faire sa volonté. Faire sa volonté, c'est aimer le Seigneur à l'infini comme lui-même l'a fait jusqu'au bout, pas à pas, avec la certitude que le Seigneur peut tout. Il a tout fait et fera tout en nous. Le Christ est le cœur du monde que nous avons à découvrir profondément. Le Christ est la vérité de l'Evangile. Il vient pour se donner tout entier, il est l'accomplissement de toutes les prophéties. Le Seigneur est grand, il est plein de bonté, il est plein de miséricorde et si, à l'approche de Noël, on peut parler de la croix, c'est parce qu'elle s'ouvre sur la résurrection.

Demandons au Seigneur d'entrer dans ce bonheur d'écoute de la Parole du Seigneur : « *Voici la servante du Seigneur, qu'il me soit fait selon ta Parole* ». Que chacun de nous demande, au plus profond de son cœur, d'accomplir la volonté de Dieu humblement, délicatement. Notre volonté doit être offerte tout entière au Seigneur. Que dans ces jours qui nous séparent de Noël, le Seigneur nous fasse goûter sa tendresse, sa présence, sa joie. Si ce mystère se réalise en nous, nous serons de vrais chrétiens et nous saurons que le Seigneur est là, même au cœur d'un monde plein de contradictions et de difficultés. Proclamons-le, n'ayons pas peur de dire que nous voulons devenir, dans la vérité du Seigneur, des hommes prêts, si le Seigneur le demande, à donner leurs vies pour leurs frères et déjà à donner leurs vies pour le salut du monde. Que la joie du Seigneur, sa miséricorde et sa paix soient avec vous tous et vous mènent là où le Seigneur veut. Amen !

Messe de la nuit de Noël

Isaïe 9, 1-6 Tite 2, 11-14 Luc 2, 1-14

Le texte de l'évangile de Luc nous met devant le mystère de l'histoire de Dieu et de l'homme, c'est-à-dire devant le Seigneur qui vient sauver son peuple. « *Ne craignez pas, car voici que je viens vous annoncer une bonne nouvelle, une grande joie pour tout le peuple : aujourd'hui vous est né un Sauveur.* » Cette annonce a quelque chose d'étonnant et de merveilleux : un sauveur nous est né et les signes qui nous sont donnés sont déroutants : le nouveau-né est emmailloté et couché dans une mangeoire. Le Seigneur que nous adorons cette nuit, c'est le Seigneur, le Dieu qui a fait le ciel et la terre, le créateur du monde. Il est là, le plus petit d'entre les petits ; il se fait accessible à nous pour que nous entrions dans son mystère. Dieu est là, merveilleusement présent, et il nous appelle à le découvrir pour ce qu'il est lui-même : Dieu est Amour.

Dans l'annonce de la naissance du Sauveur faite aux bergers, il y a le mystère du Messie triomphant qui vient pour nous sauver sous l'aspect le plus humble qui soit. Il est tout-petit, lui le Créateur du monde. Il est le plus petit d'entre les hommes, il n'est même pas reçu dignement au moment de sa naissance puisqu'il n'y avait plus de place pour lui dans la salle commune. Le bébé est emmailloté et couché dans une mangeoire, c'est Dieu au-delà de tout, le Dieu vivant qui devient l'un d'entre nous : voilà ce que l'évangile nous demande de croire.

Dieu devient, en Jésus-Christ, humble et pauvre et toute la vie du Christ qui était de condition divine, sera celle d'un homme comme nous, d'une infinie pauvreté, qui nous appelle à entrer dans sa gloire, à condition de le suivre. Le Seigneur nous révèle qu'il est le Tout-puissant mais qu'il est, en même temps, celui sur lequel personne n'a de prise parce qu'il est infiniment petit et pourtant le plus grand de tous. « *Aujourd'hui vous est né un Sauveur dans la ville de David. Il est le Messie, le Seigneur.* » Nous avons un sauveur qui vient nous faire rentrer dans sa vie divine.

Au cours de cette nuit, je voudrais que nous découvrions le mystère d'amour du Seigneur. Le paradoxe que nous avons découvert au moment de la naissance de Jésus se réfléchit dans toute sa vie. Il a beau naître dans une petite ville de Judée, il a beau naître dans un monde en proie à la misère, à la souffrance, à l'occupation, il a beau être infiniment caché, c'est pourtant lui qui porte le monde entier, qui en fait sa demeure et qui veut notre salut.

Nous avons à connaître le Seigneur de l'intérieur, comme quelqu'un qui nous est très cher et qui est là près de nous. Il est le Messie envoyé du Seigneur pour sauver le monde. Et pourtant quels signes de petitesse avons-nous sous les yeux au moment de sa naissance ! On dirait que le Seigneur prend plaisir à prendre les plus petites choses pour se présenter à nous. Je voudrais que nous découvrions combien l'amour de Dieu passe à travers toutes les déficiences humaines, à travers toutes les limites.

Le Seigneur est le Seigneur, le Seigneur est le Messie vivant, le Seigneur est notre maître à tous, il nous appelle à le connaître. Je voudrais vous crier, au cœur de ma maladie, combien le Seigneur est là, combien le Seigneur peut tout, combien il nous montre l'amour de son Père. Oui, il m'appelle à la sainteté, à l'amour, à la joie. « *Gloire à Dieu au plus haut des cieux, et paix sur la terre aux hommes qu'il aime.* »

Dieu, un enfant. Dieu, un pauvre. Dieu, un homme comme les autres. Dieu, un être qui passera par la mort pour nous communiquer la résurrection : n'ayons pas peur. Une grande joie doit habiter notre cœur en cette fête de

Noël. Le tout est d'aimer comme le Seigneur a aimé, sans limites. La mesure d'aimer Dieu est de l'aimer sans mesure. Laissons-nous prendre par cette réalité fondamentale. Noël n'est pas une fête folklorique, Noël n'est pas une fête de joie purement humaine. Ce que le Seigneur veut, c'est que nous découvrions que chacun d'entre nous est choisi par le Seigneur, est enveloppé de la gloire du Seigneur. Nous avons besoin de découvrir cette gloire infinie, cette gloire qui est la nature même de Dieu. Au cœur de l'Evangile, nous sommes appelés à aimer comme jamais on n'a aimé. Chacun de nous doit essayer de vivre cet appel. Je voudrais que nous chantions du plus profond de notre cœur cet amour qui est joie et gloire, cet amour qui est joie et paix. Le Seigneur ne nous montre qu'un seul visage : Dieu est Amour. Tout nous est donné dans ces mots parce que tout nous est donné dans la vie du Christ.

Ce petit enfant nouveau-né emmailloté et couché dans une mangeoire, cet enfant-là, c'est le Sauveur du monde, c'est lui qui récapitulera toutes choses en lui et qui fera de nous des êtres tout nouveaux par sa puissance et sa joie. Cela dérange nos vues et nous bouleverse ; nous avons bien des difficultés pour reconnaître là la présence du Seigneur qui est la présence même de l'amour. Un amour qui se cache, un amour qui se donne à l'infini, sans mesure. J'aimerais, au cours de cette fête de Noël, que nous découvrions cette joie qui réside dans cette présence du Seigneur au plus intime de nous-mêmes. Nous avons, grâce à elle, un regard nouveau sur le monde et tout naturellement nous nous mettons au service de nos frères.

Il faut passer par la pauvreté de Jésus-Christ décrite à sa naissance pour participer à la joie de Dieu. « *L'ange du Seigneur s'approcha, et la gloire du Seigneur les enveloppa de sa lumière.* » Quel mystère ! Nous sommes devant le mystère le plus étonnant qui soit, le plus bouleversant qui soit. Dieu, le vrai Dieu, le Dieu qui a tout créé est là devant nous comme un enfant, et il nous demande de croire par la foi qu'il est le Sauveur du monde, qu'il est en même temps le tout-petit et le Seigneur.

Demandons au Seigneur de rentrer dans sa joie, de le louer en disant *« Gloire à Dieu au plus haut des cieux et paix sur la terre aux homme qu'Il aime »*. Laissons-nous prendre par l'amour de Dieu, qu'il soit notre lumière et notre guide. Demandons au Seigneur de nous apprendre à prier et à aimer, à laisser notre cœur se transfigurer par la toute-puissance de Dieu. Le Seigneur n'a qu'un but, que nous soyons heureux de son bonheur, heureux de sa joie que nous découvrirons en plénitude lorsque le Père de notre Seigneur Jésus-Christ se manifestera à la fin des temps. Le Christ reviendra : nous devons attendre ce grand bonheur. Il nous rachètera de toutes nos fautes et il fera de nous des hommes libres et emplis d'amour.

Dieu nous met aujourd'hui devant l'abaissement suprême, puisque Dieu devient un petit enfant. Méditons que le mouvement de l'amour est de descendre pour prendre la dernière place. Demandons au Seigneur d'entrer au plus profond de son amour autant que nous le pouvons. Nous sommes appelés à être de vrais fidèles, à être de vrais saints. Que le Seigneur nous donne sa paix et sa joie dans la charité, dans la gloire et dans la paix. Amen !

Messe du jour de Noël

Isaïe 52, 7-10 Hébreux 1, 1-6 Jean 1, 1-18

L'Eglise nous met face au Verbe de Dieu, à la Parole de Dieu qui est auprès du Père depuis toujours et qui est Dieu. Au cœur de l'Evangile, nous avons le mystère d'un amour infini du Père et du Fils, d'un amour infini qui se traduit par le don de la vie du Fils. Le Seigneur est la lumière. « *La lumière brille dans les ténèbres, et les ténèbres ne l'ont pas arrêtée.* » Tout le mystère du Christ est ce mystère de resplendissement dans lequel il se manifeste en tant que Fils. Il est la ressemblance parfaite de son Père. Il est notre ouverture sur la vérité divine, sur la joie divine, sur la paix divine. Le Seigneur est le Verbe de Dieu et pourtant nous savons que l'humanité ne répond pas aux appels du Seigneur parce qu'il y a en nous une opacité nous empêchant de rejoindre la vérité de la lumière du Seigneur. Mais le Seigneur est là pour nous aider à en triompher.

Le prologue de Saint Jean est une hymne à la gloire de Dieu qui triomphe du mal et qui nous donne de devenir enfants de Dieu. « *Ils sont nés de Dieu.* » Je ne sais si nous mesurons toute la profondeur de la formule : nous sommes nés de Dieu. Nous sommes recréés à l'imitation du Verbe de Dieu, à l'imitation de Celui qui s'est fait chair et qui a habité parmi nous. Nous avons à annoncer au monde le mystère du Fils unique qui connaît son Père de l'intérieur. « *Nul n'a jamais vu Dieu ; le Fils unique, qui est tourné vers le sein du Père, lui, l'a fait connaître.* » Personne n'a jamais vu Dieu mais nous avons le témoignage du Fils unique qui demeure auprès de son Père, qui dialogue avec son Père, qui ne fait que ce que veut son Père, qui n'est que transparence d'amour à son Père. La vérité de l'Evangile traverse tous les hommes, les appelle, les attire à la vérité tout entière. Le Seigneur est venu sur terre pour nous donner l'Esprit et nous donner de répondre à ce qu'Il est. Le Seigneur nous veut semblables à lui-même. Il veut tout donner aux hommes et avoir le bonheur de contempler le mystère de Dieu à travers la façon dont les hommes se conduisent en toutes circonstances.

Nous avons, en effet, à aimer comme le Christ a aimé. Tout porte sur ce « comme le Christ a aimé ». Qu'est-ce à dire ? Aimer jusqu'au bout, aimer dans la vérité, aimer pour être témoin de l'amour de Dieu, comme Jean. « *Il y eut un homme, envoyé par Dieu. Son nom était Jean. Il était venu comme témoin, pour rendre témoignage à la lumière afin que tous croient par lui.* » Le Seigneur nous demande d'être des témoins de la vérité et de la lumière comme le Christ est témoin de son Père. Car c'est en lui que nous serons des témoins. C'est en lui que nous serons ouverts au Seigneur et qu'avec lui, nous souffrirons de son échec apparent : « *Il est venu chez les siens, et les siens ne l'ont pas reçu* ». Ce refus vient de notre péché et de notre misère mais le Seigneur s'est dit dans la Parole unique qui est le reflet de la gloire de son Père. Cette Parole unique a fait le monde, a fait les mondes. Le paradoxe de Noël réside dans le fait que celui qui est la Parole de Dieu est venu pour nous servir.

« *Le Verbe était au commencement avec Dieu. Par lui tout a été fait et sans lui rien ne s'est fait.* » C'est par lui que tout nous a été donné et à travers la Parole de Dieu à l'œuvre dans nos vies, nous découvrons la présence d'amour infini du Seigneur qui est à notre recherche pour que nous soyons à lui. A l'image de Jean – « *Il était venu comme témoin, pour rendre témoignage à la lumière afin que tous croient en lui* » – il faut que nous soyons, nous aussi, des êtres de lumière, des épiphanies de la lumière, des hommes qui transparaissent le mystère de Dieu. La venue du Seigneur est une folie, une folie d'amour. Il est à la recherche de l'humanité et il vient la sauver. Le sauvetage de l'humanité est le sauvetage par le Christ d'une humanité perdue, mystère de présence et de vérité.

Demandons au Seigneur, dans l'Eucharistie, d'annoncer au monde que le Verbe est la vraie lumière qui éclaire tout homme venant en ce monde, qui est venu sauver les hommes. Le Verbe s'est fait chair. Quel mystère ! Le Verbe s'est fait chair. Cette formule peut nous paraître simple : en vérité, elle indique la puissance de l'amour divin descendu du ciel pour nous entraîner dans la gloire. « *Nous avons vu sa gloire, qu'il tient de son Père comme Fils unique, plein de grâce et de vérité.* » Laissons-nous conduire par le Seigneur et tout deviendra simple de la simplicité de Dieu. Il est celui qui a fait les mondes et qui continue de créer le monde, qui nous appelle à le reconnaître dans la foi, dans l'amour et dans la vérité. Reconnaissons Celui qui nous a appelés au plus profond de notre être à le connaître et à l'aimer, et nous serons action de grâces pour tout ce que le Père a fait, pour tout ce que le Seigneur fait, pour tout ce que l'Esprit-Saint fera en nous. Nous avons reçu grâce sur grâce. Chantons au Seigneur, comme Jean, une hymne à l'amour : que nous soyons toute louange, toute paix, toute joie, tout amour, toute communication de vérité. Alors nous découvrirons que le Seigneur est le Seigneur. S'il nous déroute quelquefois, il est au plus profond de nous-mêmes celui qui éclaire notre vie, qui la transforme et qui fait de nous des êtres nouveaux, nouveaux de la nouveauté de Dieu, de cette nouveauté qui est le caractère même de la vérité divine qui est une vérité incomparable. C'est une grâce incomparable que le Seigneur soit avec nous. Amen.

Fête de la Sainte Famille

Ecclésiastique 3, 2-14 Colossiens 3, 12-21 Luc 2, 41-52

L'Eglise nous met devant une des scènes les plus extraordinaires du Nouveau Testament. Elle nous fait entrer dans la relation que le Christ a avec son Père c'est-à-dire dans son intimité. Après la fête de la Pâque, alors que tous les pélerins repartent, Jésus reste à Jérusalem dans le temple avec les docteurs de la loi qui l'interrogent et s'extasient devant l'intelligence de ses réponses.

Mais ce qu'il y a de plus important dans ce texte c'est l'attitude d'amour qu'il y a dans le Christ. Après trois jours de recherche, ses parents stupéfaits retrouvent Jésus, et sa mère lui dit : « *Mon enfant, pourquoi nous as-tu fait cela ? Vois comme nous avons souffert en te cherchant, ton père et moi !* ». Il leur dit : « *Comment se fait-il que vous m'ayez cherché ? Ne le saviez-vous pas ? C'est chez mon Père que je dois être* ». C'est le Christ enfant qui parle. Il est tout enfant et il est toujours auprès de son Père. Le cœur du mystère de Jésus-Christ est d'être chez son Père. Ses parents ne le comprennent pas encore. Le Christ a une conscience divino-humaine qui le fait vivre en communion constante avec son Père. « *Ne le saviez-vous pas ? C'est chez mon Père que je dois être* ».

Le Christ a douze ans, il témoigne de son indépendance à l'égard de Marie et de Joseph et de sa soumission à leur égard. Car le texte dit : « *Il descendit avec eux pour rentrer à Nazareth, et il leur était soumis* ». Mais pour démontrer sa mission tout à fait spéciale, Jésus est absent pendant trois jours et ses parents s'en étonnent. C'est pour nous faire comprendre le rapport d'intimité, de correspondance infinie et réciproque qu'il y a entre le Père et le Christ.

« C'est chez mon Père que je dois être », voilà la révélation extraordinaire que nous devons entendre. C'est le témoignage extraordinaire qui traverse tout l'Evangile. Le Christ est toujours avec son Père ; il ne peut être que chez son Père. Nous avons à découvrir que notre mystère est d'être avec le Christ dans le mystère de Dieu, enveloppés de sa tendresse, de tout l'amour qui est en Lui. Tout au long de ces évènements, Marie méditait toutes ces choses en son cœur.

Une joie traverse l'Evangile. Jésus grandit en sagesse, en taille et en grâce sous le regard de Dieu et des hommes : cela ne l'empêche pas de rester indépendant, caché en quelque sorte de ses parents auxquels il commence à révéler son mystère. Jésus nous invite nous aussi à être dans le mystère de la Pâque, dans le mystère de son Père et de faire sa volonté.

« Ne saviez-vous pas, c'est chez mon Père que je dois être ? » Quelle formule absolument originale à nulle autre pareille ! Nous devons chanter la gloire de Dieu en sachant que cet enfant de douze ans, Jésus, a déjà une conscience qui le met à part de l'humanité. Il est avec son Père et fait toujours ce qui lui plaît.

Dans l'Eucharistie que nous allons célébrer, nous demanderons au Seigneur de le découvrir dans son attitude de transparence et d'amour et dans son attitude de dépendance à l'égard de son père et de sa mère. Tout cela nous est donné sur un fond de mission car le Christ est auprès de son Père pour révéler aux hommes qui est son Père.

Demandons au Seigneur d'entrer dans son mystère avec un cœur plein de tendresse et de bonté, d'humilité, de douceur et de patience, comme nous le dit saint Paul. Laissons-nous prendre par ces évènements. Comme Marie qui gardait tout cela en son cœur, nous avons à garder dans notre cœur l'amour du Fils, l'amour de son Père et nous avons à grandir comme lui à son image sous le regard de

Dieu et des hommes. Marie n'a pas compris la parole de son Fils mais elle l'a gardée et elle la comprendra peu à peu. Tout s'ouvrira sur la gloire, la croix du Christ et la gloire du Père se manifestant dans la résurrection.

C'est ce mystère que nous allons célébrer, ce mystère de communion du Seigneur, ce mystère de communion dans l'amour, dans la vérité de Dieu que le Seigneur nous dévoile de l'intérieur en nous donnant des yeux nouveaux et un cœur nouveau. Que l'Esprit-Saint nous donne de comprendre que le Christ est de même nature que le Père, que celui-ci ne l'abandonne pas un seul instant. Nous devons croire que Dieu ne nous abandonne pas un seul instant. Il est avec nous. Il nous sauve. C'est la seule chose qui compte. Amen !

Epiphanie du Seigneur

Isaïe 60, 1-6 Ephésiens 3, 2-6 Matthieu 2, 1-12

« Debout, Jérusalem ! Resplendis : elle est venue, ta lumière, et la gloire du Seigneur s'est levée sur toi. » L'Eglise lance un immense appel à la joie qui la traverse de part en part et qui appelle tous les hommes au salut. Regarde ! Debout ! Resplendis ! Elle est là ta lumière : c'est la gloire du Seigneur. La gloire du Seigneur resplendit sur Israël et resplendira dans le Christ. L'annonce d'Isaïe est une véritable splendeur. Nous savons que la lumière est la puissance et la présence de Dieu, son ampleur de vérité en nous. Toutes les nations sont appelées au salut. Toutes les nations sont appelées à rencontrer Israël et à rencontrer le Christ. C'est vraiment une lumière et je voudrais que vous sentiez en elle la nouveauté de l'amour.

La nouveauté de l'amour vient du Père. Saint Paul nous le clame : *« Frères, vous savez en quoi consiste la grâce que Dieu m'a donnée pour vous : il m'a révélé le mystère du Christ »*. Connaître le mystère du Christ est la plus grande réalité qui soit. Connaître le mystère du Christ, c'est connaître le secret de Dieu dont les générations passées n'avaient pas connaissance. *« Ce mystère, c'est que, grâce à l'Evangile, les païens sont associés au même héritage, au même corps, au partage de la même promesse, dans le Christ Jésus. »* Dans une immense action de grâce, nous devons nous réjouir de ce que Dieu se penche sur nous, vienne à nous pour nous transformer. La joie messianique est celle que le Messie apporte. C'est la joie même de Dieu qui crie à l'intérieur de notre être que le Seigneur est là et qu'il nous demande d'appeler tous les hommes à la connaissance du salut. Le mystère, nous dit saint Paul, est que tous les hommes, juifs et païens sont appelés au même héritage, à la même lumière, à la même vérité. Nous sommes des païens convertis. Le Seigneur veut nous transformer pour nous transfigurer dans sa lumière qui est la vérité de Dieu, la vérité de l'homme, la vérité de l'Esprit-Saint. C'est dans l'Esprit que tout nous est donné. Il faut que la lumière éclate dans nos vies, que la lumière nous transperce, qu'elle parvienne au plus profond de nous-mêmes et nous ouvre au mystère du salut.

Regardons ce qui se passe avec Hérode. « *Hérode convoqua les mages en secret pour leur faire préciser à quelle date l'étoile était apparue ; puis, il les envoya à Bethléem, en leur disant : "Allez vous renseigner avec précision sur l'enfant. Et quand vous l'aurez trouvé, avertissez-moi pour que j'aille, moi aussi, me prosterner devant lui*". » Sur ces paroles du roi, ils partirent. Et voilà que l'étoile qu'ils avaient vue à son lever les précédaient. Ils en éprouvèrent une très grande joie. « *En entrant dans la maison, ils virent l'enfant avec Marie sa mère ; et, tombant à genoux, ils se prosternèrent devant lui. Ils ouvrirent leurs coffrets, et lui offrirent leurs présents : de l'or, de l'encens et de la myrrhe.* » Nous avons, nous aussi, à offrir tous nos présents au Seigneur, c'est-à-dire tout ce que nous avons à offrir, tout, absolument tout, tout ce que nous sommes, nous-mêmes et essentiellement notre foi, notre espérance, notre charité.

L'Epiphanie, c'est la grâce de la lumière et de la recréation dans la lumière. Elle nous prend au plus profond de nous-mêmes, nous illumine et fait de nous des êtres nouveaux. Les Mages ne retournent pas selon le chemin demandé par Hérode. « *Mais avertis en songe de ne pas retourner chez Hérode, ils regagnèrent leur pays par un autre chemin.* » Ceci est pour que soit annoncé au monde le mystère du salut. Nous avons à annoncer ce mystère de présence de Dieu, ce mystère qui nous introduit au tréfonds de nous-mêmes dans la lumière de Dieu et qui nous appelle à en témoigner.

Sommes-nous prêts à entrer dans ce mystère de lumière et de paix, de lumière et de joie pour que nous soyons associés à cette splendeur du mystère de Dieu ? Il faut que notre cœur chante comme il n'a encore jamais chanté ! Il faut que le don du Seigneur, don de joie et de paix, d'amour et de lumière, jaillisse de l'intérieur de nous-mêmes et que nous remercions le Père de nous avoir donné son Fils. Nous sommes des pauvres. Les mages sont des pauvres. Ils apportent leurs richesses mais leurs richesses consistent dans leur pauvreté qu'ils viennent déposer : *« Ils tombent à genoux »*. Ils offrent la foi, l'espérance et la charité c'est-à-dire la réalité même de la vie du Seigneur qui nous mène à l'amour du Père. Nous avons à chanter. Je vous le répète : le Seigneur ouvre les voies et tous les hommes viendront. Israël sait qu'elle est radieuse : le Seigneur nous rappelle que nous sommes des enfants de Dieu et que nous le sommes en vérité.

Il nous faut proclamer cette grâce, la proclamer du fond du cœur, la proclamer avec la simplicité de l'enfant. Le mystère du Christ, c'est le mystère le plus solide qui soit, celui qui a le plus de poids, celui qui a le plus de densité humaine et spirituelle. Nous n'avons pas à avoir peur parce que le Seigneur est là, qui nous guide et nous fait connaître la révélation du mystère du Christ. Laissez de côté vos soucis. Laissez de côté tout ce qui vous empêche de rencontrer Dieu et le Seigneur viendra en vous. Il viendra vers vous avec toute sa tendresse, tout son amour, avec toute sa paix. Le Seigneur est grand. Le Seigneur est merveilleux. Nous savons que l'appel du Seigneur vaut pour chacun d'entre nous. Nous avons à entrer dans un courant d'amour, un courant de lumière, un courant qui, certes, ne se voit pas avec nos yeux de chair mais qui transparaît dans la lumière de Dieu.

Nous devons demander au Seigneur d'être des hommes qui croient en ce qu'il fait. Il l'a révélé à ses saints apôtres et prophètes. Nous sommes associés à cette révélation. Il nous reste à demander le plus merveilleux : entrer dans le mystère du repos du Seigneur, dans le mystère d'attente du Seigneur. L'oraison de ce jour nous exhorte à être présents à cette attente du Seigneur car il nous recevra et nous introduira dans sa lumière.

Dans l'Eucharistie que nous allons célébrer, nous allons chanter du plus profond de notre cœur cette lumière qui vient, cette lumière qui n'est pas un sentiment de notre part, qui n'est pas une réalité sans consistance mais qui est la joie même de Dieu. Nous devons croire à la joie de Dieu. Nous devons nous laisser prendre par la joie de Dieu. Ce ne sont pas des mots. C'est la vérité. Il faut que cette vérité pénètre en nous et nous transforme. Soyons des êtres pris par le Seigneur, pris par cette nouveauté qu'est la nouveauté du Christ et certains comme jamais de la puissance de la Parole de Dieu et de son influence dans nos vies. Prions les uns pour les autres et demandons au Seigneur d'entrer dans cette vérité qu'est l'amour du Père, cette vérité à laquelle nulle autre est comparable mais qui est la lumière de Dieu. Cette splendeur habite notre cœur ; il s'agit de la dévoiler.

Demandons au Seigneur cette ouverture, ce don. Oui, que nous soyons tout donnés, tout livrés au Père et nous rencontrerons au plus profond de nous-mêmes la joie de Dieu. Que la joie de Dieu à nulle autre comparable entre dans votre cœur et qu'elle vous mène là où le Seigneur le veut. Ouvrez vos coffrets et sachez que ce que le Seigneur attend, c'est votre cœur, tout votre cœur avec son amour et sa vérité. Nous sommes des enfants qui croient à la parole de leur Père et qui se livrent à cet amour. Dieu est Dieu. Dieu est lumière. Dieu est amour. Dieu est vérité. Il n'y a rien de plus fort. Alors, à nous de croire et de nous engager dans l'Eucharistie, avec cette plénitude, cette transformation que le Seigneur fait dans l'Esprit. Demandons au Seigneur d'être des chemins pour nos frères, que nous leur ouvrions nos cœurs et leur donnions tout ce dont ils ont besoin. Nous sommes des enfants bien-aimés du Père comme le Christ est le Fils bien-aimé du Père. Nous lui ressemblerons et nous chanterons sa louange dans la joie divine pour la joie du Christ notre Frère. Amen !

Baptême du Seigneur

Isaïe 42, 1-7 Actes des Apôtres 10, 34-38 Marc 1, 6-11

Nous fêtons aujourd'hui le baptême du Christ, le baptême de celui qui est envoyé pour nous donner l'Esprit et qui entend la Parole du Père *: « C'est toi mon Fils bien-aimé, en toi j'ai mis tout mon amour ».* Ce texte est la reprise de ce qui a été dit au serviteur d'Isaïe qui sera le serviteur souffrant *: « Voici mon serviteur que je soutiens, mon élu en qui mon âme se complaît »* (Is 42,1). Pour découvrir le Christ se dévoilant à nous, il faut qu'il se soit profilé sur l'horizon de l'Ancien Testament, il faut qu'il ait été annoncé. Et, effectivement, il a été annoncé par les prophéties du serviteur souffrant que nous trouvons dans les chapitres 42 à 53 du prophète Isaïe. Le mystère du Seigneur s'esquisse à travers tout l'Ancien Testament et converge vers ces textes du serviteur pour bien marquer que c'est lui qui viendra sauver son peuple et lui communiquer sa paix et sa joie.

Dans le texte de Marc, nous trouvons une expression assez impresssionnante : *« C'est toi mon Fils bien-aimé, en toi j'ai mis tout mon amour »*. C'est essentiellement le Fils qui vient. Il est manifesté par le Père, il est situé dans le mystère d'amour dans lequel il demeure auprès de son Père. *« C'est toi mon Fils bien-aimé, en toi j'ai mis tout mon amour.* » Les cieux se déchirent, l'Esprit descend sur Jésus sous la forme d'une colombe. Il est le Messie. Le ciel s'ouvre pour nous.

A partir de ce moment, le mystère du Christ commence à se jouer. C'est, en quelque sorte, l'intronisation du Christ dans sa mission, c'est-à-dire, la croix et la résurrection. Par la scène du baptême, le Christ nous montre qu'il prend la place des pécheurs, en se faisant baptiser comme un pécheur. Dans les synoptiques et en saint Matthieu en particulier, Jean-Baptiste refuse, en un premier temps, de baptiser Jésus mais celui-ci lui dit : *« Il faut que j'accomplisse toute justice* » (Mt 3,15). Le Christ doit manifester la vérité et l'amour du mystère du Père. Ce texte de Marc *« C'est toi mon Fils bien-aimé, en toi j'ai mis tout mon amour »* dévoile toute la profondeur du mystère de l'amour du Père et du Fils. C'est le serviteur mais le serviteur est le Fils. Cela était absolument impensable, inconcevable. Pourtant comme il est beau de voir que toutes les lignes de l'ancien testament convergent vers le Christ. Lorsqu'il est là, il dépasse encore tout ce qui était annoncé. Parce que Jésus-Christ est le Fils, on ne pouvait pas imaginer une telle révélation. Il faut que le Christ soit là devant nous. La parole du Père révèle tout cela à nos cœurs pour que nous comprenions ce qui est en jeu. C'est le Fils bien-aimé tourné vers son Père de toute éternité (cf. Jn 1, 18). Celui qui n'est que tourné vers son Père, qui n'est que regard vers son Père, c'est lui qui se manifeste à nous, qui vient pour nous. En effet, comme nous le proclamons dans le *Credo,* Jésus-Christ s'est incarné *« pro* nobis ». Une telle insistance marque qu'il ne vient pas pour lui mais pour nous, pour nous aimer, pour nous manifester qui il est, pour nous ouvrir à la plénitude du mystère d'amour de Dieu.

« C'est toi mon Fils bien-aimé, en toi, j'ai mis tout mon amour. » L'Evangile commence par une déclaration d'amour la plus éperdue qui soit. Dieu s'est lancé à la recherche de l'humanité perdue et voilà que se révèle la plénitude de l'amour quand les cieux se déchirent. En effet, la communication entre le ciel et la terre commence à se faire, elle est désormais acquise, tout va s'accomplir.

Il faut lire le texte du baptême de Jésus dans la perspective de la Passion. *« Je suis venu jeter sur la terre un feu, comme je voudrais qu'il fût déjà allumé, et quelle n'est pas mon angoissse jusqu'à ce qu'il soit accompli ».* (Lc

12, 49-50) Le baptême appelle un autre baptême dans sa plénitude, c'est-à-dire dans la mort et la résurrection du Christ, ; le ciel s'ouvre pour nous dévoiler ce mystère.

Demandons au Seigneur d'entrer dans ce mystère de paix, de joie, d'amour qui est notre propre mystère. Nous aussi nous avons été baptisés dans le Christ, c'est-à-dire dans sa mort et sa résurrection. C'est ce que le Seigneur préfigure dans cette scène du baptême. Dans la mort et la résurrection du Christ, tout nous sera donné puisque nous deviendrons des fils, des fils bien-aimés. Nous pourrons regarder le Seigneur les yeux dans les yeux, nous pourrons lui dire qu'il est tout notre amour. Nous sommes pris dans ce mystère et si nous fêtons le baptême c'est pour être entraînés avec le Christ dans sa marche vers le Père. Pour cela il faut nous laisser conformer au mystère du Christ. Si le Christ perçoit toute sa vie à la lumière de la croix et de la résurrection, c'est toute notre vie que nous devons voir nous aussi dans l'amour qui enveloppe la croix et la résurrection du Seigneur.

Notre baptême nous introduit dans la vie divine, nous fait surgir dans la communion du Père et du Fils dans le Saint-Esprit. Nous devons actualiser cela à chaque instant de notre vie, jusqu'au moment de notre mort c'est-à-dire de notre passage dans le Père, comme le Christ est passé dans son Père. Actualiser notre baptême : c'est une urgence car c'est une force active. C'est une force toute neuve, une force étonnante qui jaillit d'auprès du Père dans le Fils et qui nous communique l'Esprit. Nous avons à le rendre, en quelque sorte, présent, immensément présent c'est-à-dire tout regard vers le Père, tout regard sur le dessein d'amour qui est dans le Christ et qui se trouve en chacun d'entre nous avec la grâce d'y répondre. Le baptême nous aide à entrer dans ce mystère d'abandon à la volonté du Père, de don total de nous-mêmes, de l'offrande de toute notre vie dans le mystère du Père. S'abandonner, se laisser faire, se laisser prendre, voilà ce que le Seigneur nous demande. Si nous avons été baptisés dans la mort du Christ, nous serons baptisés aussi dans sa résurrection. Oui, nous connaîtrons la même résurrection que la sienne, le dernier effet du baptême, comme le dit toute la tradition, c'est notre résurrection corporelle dans le Christ et avec le Christ.

« Je crois au Saint-Esprit dans la sainte Eglise catholique pour la résurrection des morts ». C'est ce que nous dit le Seigneur à travers l'Eglise. Nous connaîtrons le même mystère d'amour que lui. Nous pouvons tout lui demander pour entrer dans cette plénitude d'amour afin que par cette plénitude d'amour, nous entrions dans la plénitude de Dieu. Alors, que notre cœur chante la joie du mystère du Christ, baptisé, prenant notre place, se substituant à nous pour que nous nous donnions nous aussi pour nos frères et que nous nous livrions à la volonté du Seigneur dans l'amour infini du Père. Amen !

Troisième dimanche du temps ordinaire

Jonas 3, 1-10 1 Corinthiens 7, 29-31 - Marc 1, 14-20

Les quelques versets de l'évangile de saint Marc que l'Eglise nous donne à méditer aujourd'hui nous donnent tout le mystère de la bonne nouvelle en quelques phrases. *« Jésus partit pour la Galilée proclamer la Bonne Nouvelle de Dieu ; il disait : Les temps sont accomplis, le Règne de Dieu est là. Convertissez-vous et croyez à la Bonne Nouvelle. »*

Les temps sont accomplis. C'est dire que dans le dessein de Dieu, au moment où le Christ paraît, l'ensemble des promesses de Dieu faites à Israël s'accomplit. Le moment décisif est là, le règne de Dieu est tout proche. Pourquoi ? Parce que le règne de Dieu apparaît dans la personne même du Christ. C'est dans le Christ lui-même qu'est le royaume et ce qu'il annonce, c'est cette proximité. Il est là. Il est déjà là, il faut bien le reconnaître et il s'agit pour nous de nous convertir, de nous retourner et de croire à la Bonne Nouvelle.

Le règne de Dieu est tout proche. Dieu va décider ce qui est le plus essentiel : en nous donnant son Fils, il nous oblige à prendre parti. Nous devons jouer notre vie sur les paroles du Christ. Il nous faut découvrir à quel point le Seigneur est Unique, à quel point le Seigneur est merveilleux, à quel point il agit dans l'histoire des hommes pour transformer toute la vie. *« Convertissez-vous et croyez à la Bonne Nouvelle »*, la Bonne Nouvelle de Dieu.

Le mystère du salut, à ce moment-là, est déjà engagé. Il faut se rendre compte que croire au Christ, c'est être appelés à une conversion incessante, c'est être appelés à un renouveau incessant. Il y a, bien sûr, le moment décisif, où on prend position pour ou contre le Christ mais l'Evangile demande notre conversion pour faire de nous des êtres nouveaux, des êtres vraiment recréés dans le mystère de Dieu.

Lorsque nous voyons le Seigneur appeler Simon et son frère André, Jacques et son frère Jean, nous avons une idée de ce que Dieu veut. Ce sont des pêcheurs, et Jésus leur dit « *Je ferai de vous des pêcheurs d'hommes* ». Le Christ veut faire de nous des pêcheurs d'hommes. Lorsque le Seigneur veut annoncer la Bonne Nouvelle du salut, il prévoie l'histoire dans laquelle sera engagée toute l'Eglise, et il demande à certains d'entre nous de marcher à sa suite, de devenir des pêcheurs d'hommes, de devenir des disciples.

« *Je ferai de vous des pêcheurs d'hommes.* » N'est-ce pas merveilleux de voir ce que le Seigneur fait ? L'appel « *Suivez-moi* », c'est l'appel à devenir des apôtres. Comme dit littéralement saint Marc, « *il les créa apôtres* » : c'est comme une recréation de leurs êtres. Ils sont tout nouveaux dans le mystère de Dieu et ils vont avoir à annoncer cette nouveauté. Des pêcheurs d'hommes. Ceux d'entre nous qui ont reçu l'appel à vocation sacerdotale savent bien ce qui est en jeu. C'est vraiment un engagement total qui est exigé. Nous n'avons pas d'autre chose à faire que de suivre le Christ. Suivre le Christ avec cet horizon universel, avec cet horizon invraisemblable de l'envoi à tous les hommes du monde pour leur annoncer quoi ? Pour leur annoncer que le mystère du règne de Dieu s'accomplit dans le Christ Jésus, là sur la croix, et dans la résurrection. Je voudrais que vous sentiez cet appel et cet absolu. « Venez derrière moi ». C'est un ordre. Le Seigneur montre toutes ses exigences. Il demande qu'on le suive, qu'on le suive jusqu'au bout.

Toute la vie chrétienne n'est d'ailleurs qu'une suite, qu'une poursuite. Etre à la poursuite du Christ pour être vraiment fidèles. Que ce soit Simon, que ce soit André, que ce soit Jean, que ce soit Jacques. Ils doivent laisser tout, tout de suite, et l'évangile le signale bien : « *Jésus les appelle aussitôt. Alors, laissant dans la barque leur père avec ses ouvriers, ils le suivent* ». Une parole qui fait surgir des hommes, des hommes qui à leur tour feront surgir d'autres hommes, des hommes qui seront des révélateurs de ce que nous sommes. Nous sommes appelés à être pris dans le mystère du Seigneur. Il faut que nous puissions parler de cette parole de Dieu avec vérité, que nous en fassions l'expérience. « *Venez et voyez* » nous dit Jésus. Venez et voyez, venez derrière moi, demeurez avec moi et je ferai de vous des pêcheurs d'hommes. Jésus choisit les douze pour être avec lui et annoncer l'Evangile. D'abord pour être avec le Seigneur. Nous avons à nous engager dans cette aventure invraisemblable qui est l'amour du Seigneur sur chacune de nos vies. Nous avons à découvrir le petit nom que le Seigneur nous a attribué, véritable vocation personnelle qui nous touche au plus profond de nous-mêmes. Nous avons à nous laisser prendre dans cette aventure personnelle qui est nouvelle pour chacun de nous. Le Seigneur nous appelle, il intervient dans nos vies, il intervient comme il lui plaît et il s'agit de répondre, de répondre à celui qui nous dit de le suivre, c'est-à-dire d'entrer dans son chemin, le chemin qui est le nôtre parce que c'est le sien. Nous n'avons qu'une chose à faire, suivre le Christ. Les apôtres ne sont rien d'autre que des hommes qui suivent le Christ pour que le monde entier découvre le visage de Jésus-Christ.

Il faut faire l'expérience de Dieu. L'Esprit-Saint doit pénétrer profondément dans nos cœurs. Il faut devenir des êtres habités par l'Esprit-Saint, dociles au souffle de l'Esprit comme le Christ. Il est pris dans le mystère de son Père et dans le mystère des hommes. L'apôtre est l'homme qui fait l'expérience du mystère de Dieu et du mystère des hommes. Les deux à la fois, ou plus exactement de l'homme dans le mystère de Dieu.

Convertissons-nous et découvrons ce que le Seigneur nous demande : être des hommes nouveaux pour un monde entièrement nouveau. C'est pour cela que saint Paul nous dit que le monde est en train de passer : *« Frères, je dois vous le dire : le temps est limité... Ce monde tel que nous le voyons est en train de disparaître »*. La seule chose qui compte, c'est notre option pour ou contre le Christ. Par rapport à cette option, tout est relatif, tout est secondaire. Il n'y a que l'amour qui emporte tout. C'est l'amour qui est la clef de tout. Le Seigneur nous demande de le suivre dans cet amour invraisemblable qui est le sien.

Je voudrais vous dire au plus profond de votre cœur que le Seigneur est le Seigneur ; c'est quelqu'un de merveilleux, c'est quelqu'un qu'on connaît mieux que personne. Je voudrais que vous découvriez que Dieu est une personne vivante, redoutablement vivante, qui pénètre dans chacune de nos vies et qui nous entraîne à sa suite. Nous sommes engagés dans une aventure extraordinaire et nous avons à faire confiance au Seigneur. Il est miséricordieux, il est tout amour et il nous aime comme nous le dit si bien le prophète Isaïe : *« Tu comptes beaucoup à mes yeux, tu as du prix et je t'aime »* (Is 43,4).

Il faut que nous découvrions cet amour, que nous nous laissions prendre par lui et que nous acceptions de nous engager sur le chemin qui est le nôtre et que le Seigneur sait. Comme Pierre, nous aurons à le suivre là où nous ne voudrions pas aller mais la vérité chrétienne fait de nous des êtres renouvelés par l'Esprit de Dieu qui font l'étonnement de leurs frères... Il s'agit d'être des épiphanies de l'amour de Dieu. C'est cela qui seul compte. Alors nous laisserons nos filets et nous suivrons le Christ. Nous pourrons lancer le filet sur le monde, le filet de la Bonne Nouvelle du salut. Le Seigneur nous a aimés jusqu'à mourir pour nous et ressusciter pour nous et nous entraîner dans sa gloire, dans sa joie. Amen !

Quatrième dimanche du temps ordinaire

Deutéronome 18, 15-20 1 Corinthiens 7, 32-35
Marc 1, 21-28

L'Eglise nous invite aujourd'hui à contempler le visage du Christ, à découvrir qui Il est. En lisant saint Marc, on découvre ce qui frappe dans l'attitude du Christ : « *il enseignait en homme qui a son autorité, et non pas comme les scribes* ». Le Christ, en effet, ne se réfère pas à des commentaires mais il parle de lui-même comme ayant autorité. Et cette autorité se manifeste dans le fait qu'il fait taire les démons qui savent qui il est. Remarquez l'interpellation violente du Seigneur : « *Silence, sors de cet homme* ! ». Remarquez aussi l'interrogation qui rode dans l'esprit des auditeurs : « *tous s'interrogeaient* », cela veut dire : « *Voilà un enseignement nouveau proclamé avec autorité ! Il commande même aux esprits mauvais et ils lui obéissent* ». Un enseignement nouveau. Il s'agit du royaume de Dieu et de sa présence inaugurés dans le mystère même du Christ. Il guérit les malades, il commande aux esprits mauvais ! C'est pour cela que saint Marc nous rapportera les paroles de la foule : « *Jamais nous n'avons rien vu de pareil* » (Mc 2,12). C'est le prophète annoncé dans le Deutéronome : « *Je ferai se lever au milieu de leurs frères un prophète comme toi ; je mettrai mes paroles dans sa bouche, et il leur dira tout ce que je lui prescrirai. Si quelqu'un n'écoute pas les paroles que ce prophète prononcera en mon nom, moi-même je lui en demanderai compte* ». Ceci nous oblige à revenir au mystère du Christ. Il enseigne avec une extraordinaire autorité des choses impensables : « *Vous avez entendu qu'il a été dit : Œil pour œil et dent pour dent. Eh bien ! moi je vous dis de ne pas tenir tête au méchant : au contraire, quelqu'un te donne t-il un soufflet sur la joue droite, tends-lui encore l'autre ; veut-il te faire un procès et prendre ta tunique, laisse-lui même ton manteau* » (Mt 5, 38-42). Ces paroles sont radicalement nouvelles. Celui qui les dit avec une audace invraisemblable, va même jusqu'à dire : « *Avant qu'Abraham fût, je suis* » (Jn 8, 58).

Le Christ est un homme qui se dévoile comme une personne divine puisqu'il parle avec cette autorité souveraine. Ce qui est mis en cause, c'est la parole de Dieu pour l'approfondir et la mener à son accomplissement. Cet enseignement qui vient d'en-haut est une véritable découverte. Le Christ fait bien remarquer que sa doctrine est celle d'un autre : « *Ma doctrine n'est pas de moi mais de Celui qui m'a envoyé* » (Jn 7, 16). Le Christ enseigne avec une autorité souveraine et cependant il se réfère à Quelqu'un qu'il connaît par excellence. Il regarde son Père, il fait les œuvres qu'il voit faire par son Père. Tout le mystère du Christ est de nous dévoiler sa filiation divine et de nous faire entrer en elle.

Jésus est un homme comme nous : il tombe de fatigue sur la margelle du puits de Jacob alors qu'il rencontre la Samaritaine, il dort profondément dans la barque alors que les flots sont en furie et pourtant cet homme se manifeste à un tout autre niveau. Il peut dire au paralytique qu'il guérit par ailleurs : « *Mon enfant, tes péchés sont remis* ». (Mc 2, 5). Comment un homme peut-il dire cela ? Et le scandale va arriver venant de la parenté de Jésus ou des foules.

Nous devons découvrir ce visage de Jésus qui renvoie à lui-même « *Je suis le chemin, la vérité, la vie* » (Jn 14,6). Mais en même temps, il renvoie à un autre plus grand que lui. Voilà le mystère étonnant de la vérité dans sa structure fondamentale. Le Christ renvoie à lui-même pour renvoyer à son Père qui est à l'origine de tout. Dans cette origine, il y a le mystère de son Fils qui est un mystère d'obéissance avec le passage de la croix. Il faut découvrir le visage du Christ dans l'Evangile.

Je voudrais vous inviter une fois encore à lire l'Evangile dans son entier, à vous imprégner de l'Evangile pour découvrir le mystère de Dieu. Il faut s'en nourrir, il faut ruminer la Parole de Dieu incessamment. Si l'eucharistie n'a pas plus d'efficacité dans nos vies, c'est parce que nous n'écoutons pas assez la Parole de Dieu. Il faut écouter la Parole de Dieu avant de se nourrir de l'Eucharistie. Il faut écouter cette parole, la méditer dans son cœur, la porter dans son cœur comme Marie. C'est ce que le Seigneur nous demande. Ainsi nous découvrirons le visage du Christ que nous ne pouvons pas inventer, qui est déroutant, qui est déconcertant, qui mène par des chemins que nous ne connaissons pas. Le visage du Christ est pris dans le mystère de cet homme qui est le Fils de Dieu, qui dévoile le dessein d'amour de Dieu, sur qui repose la complaisance d'amour du Père : « *en lui, j'ai mis tout mon amour* ». Nous devons imiter le visage du Seigneur et contempler sa face.

Contempler le visage du Christ. Le contempler, le regarder, nous laisser former par lui et nous laisser scandaliser. Oui, le Christ provoque beaucoup d'étonnement : il guérit le paralytique, il guérit l'homme à la main desséchée (prendre les premiers chapitres de saint Marc). Le Christ provoque pour que nous pénétrions dans l'amour de Dieu et pour que nous dépassions l'étonnement des hommes. Les hommes se scandalisent, ils ne veulent pas comprendre et il arrive alors que Jésus promène sur eux un regard de colère parce qu'ils ne veulent pas s'ouvrir à la lumière. Il faut entrer dans tous les aspects du mystère du Christ. Cette colère est une souffrance de voir des âmes qui ne pénètrent pas dans la Bonne Nouvelle du Royaume. Il y a une véritable inquiétude dans le Christ, particulièrement marquée en saint Marc. Nous devons demander au Seigneur de lire l'Evangile en le décapant si je puis dire, en le regardant à neuf, en dépassant toutes nos impressions, nos habitudes d'écouter tel ou tel texte, mais en les reprenant de l'intérieur dans l'amour de Dieu. Je vous souhaite de découvrir la splendeur de la Parole de Dieu.

Que la Parole de Dieu s'ouvre à nous, qu'elle nous prenne et nous délie, qu'elle ouvre nos yeux et que nous regardions Celui qui nous aime et qui veut nous conduire à toujours plus de bonheur et de vérité, à toujours plus d'amour. Amen !

Cinquième dimanche du temps ordinaire

Job 7, 1-7 1 Corinthiens 9, 16-23 Marc 1, 29-39

L'évangile de ce jour nous met devant la prédication du Christ à Capharnaüm et son immense succès. Le Christ réalise vraiment un triomphe dans cette ville et les miracles sont l'expression de sa puissance miséricordieuse qui vient sauver tous les hommes. Nous avons la guérison de la belle-mère de Simon suivie d'autres guérisons. La ville entière se presse à sa porte et on lui amène tous les malades possédés par les esprits mauvais qu'il chasse. C'est un triomphe et cependant, ce qui est frappant dans le texte de Marc, c'est que le Christ semble vouloir prendre du recul par rapport à ce succès. Bien avant l'aube, il se lève et il va à l'écart dans un endroit désert et là, alors qu'on est heureux de saluer en lui un grand thaumaturge et où finalement personne ne mesure ce qui est en jeu, le Christ, lui, se retire dans le désert pour prier. Sa prédication repose sur sa prière envers son Père, sur son dialogue avec son Père. Tout est centré là, tout part de là. Mais les apôtres se mettent à sa recherche et quand ils l'ont trouvé, ils disent : « *tout le monde te cherche* ». Au lieu de répondre comme ils s'y attendaient, le Christ leur dit : « *Partons ailleurs dans les bourgs voisins afin que là aussi je proclame la Bonne Nouvelle car c'est pour cela que je suis sorti* ».

Tout le monde te cherche. Partons ailleurs. Le Christ veut nous faire partager son propre mystère qui est de proclamer la Bonne Nouvelle et de ne pas s'installer. Il ne veut pas être prisonnier de la vision que se font les gens de Capharnaüm, de sa prédication, de ses guérisons, de ces démons qu'il chasse.

Une petite formule très profonde demande quelques explications : le Christ, dans saint Marc, ne cesse de sortir quand il a annoncé la Bonne Nouvelle. Il sort, il quitte la ville, c'est un passage et il dit *« c'est pour cela que je suis sorti »*. Le Seigneur veut dire qu'il est sorti d'auprès de son Père pour venir jusqu'à nous. Dans la prière sacerdotale, le Christ dira : « *Ils ont vraiment reconnu que je suis sorti de toi* » (Jn 17,8). Et encore en Jn 18, 37 : « *Je ne suis venu dans le monde que pour rendre témoignage à la vérité* ». Si le Christ est sorti d'auprès du Père, là où il demeure toujours, c'est pour venir vers nous et pour nous entraîner vers le Père. S'il sort, c'est pour rentrer chez son Père et il nous appelle à regarder toujours vers ce terme car nous allons retrouver le Père. Sortir, c'est sortir de la ville afin qu'il n'y ait pas d'équivoque sur son propre mystère. Sortir, c'est se dégager de la foule et prier. Au cœur de tout, il y a le dialogue avec son Père.

Nous n'insisterons jamais assez sur la prière du Christ, la prière qui est la source de son apostolat, la source de tout ce qu'il dit et de tout ce qu'il fait. Nous devons apprendre à nous dégager de nous-mêmes pour pouvoir annoncer la parole évangélique. Cette parole qui explose, qui jaillit du fond du cœur, du tréfonds de l'être et qui doit traverser tous les êtres. La Parole de Dieu est toute-puissante, elle est plus puissante qu'un glaive à deux tranchants (cf He 4, 11-13). Cette parole peut tout, elle peut disjoindre jusqu'aux moelles. Elle est vraiment une parole à laquelle nous nous livrons, qui nous prend tout entiers.

Vous avez entendu saint Paul nous dire : « *Frères, si j'annonce l'Evangile, je n'ai pas à m'en vanter, c'est une nécessité qui s'impose à moi ; malheur à moi si je n'annonçais pas l'Evangile ! Certes, si je le faisais de moi-même, je recevrais une récompense du Seigneur. Mais je ne le fais pas de moi-même, je m'acquitte de la charge que Dieu m'a confiée* ». Paul se fait libre à l'égard de tous. La Parole de Dieu nous engage, elle nous fait partager la faiblesse du plus faible pour gagner les plus faibles, elle nous fait être tout à tous pour sauver à tout prix tous les hommes. La Parole de Dieu nous prend au plus profond de nous-mêmes pour faire de nous des êtres proclamant l'Evangile. Cela suppose que nous le vivions. L'annonce de la Parole de Dieu suppose que nous la vivions. L'annonce de la Parole de Dieu suppose la vie, la vie en Dieu, la vie cachée au cœur du mystère de Dieu. « *Notre vie est désormais cachée avec le Christ en Dieu* » (Col 3,3). Qu'elle le soit pour que nous sortions au-devant de nos frères en nous appuyant sur la prière du Christ. Pour en vivre, la seule chose à demander au Seigneur, c'est le Saint-Esprit.

Prier c'est demander l'Esprit-Saint pour qu'il nous transforme, pour qu'il fasse de nous des êtres nouveaux et que nous puissions annoncer la Bonne Nouvelle. C'est une urgence pour notre temps : il faut annoncer l'Evangile, à toutes les créatures. Le Christ part, mais pour aller toujours plus loin, vers cette annonce de la Bonne Nouvelle qui est finalement la croix et la résurrection. S'il part, c'est pour aller au Golgotha. Nous avons à faire de même, nous avons à rentrer dans ce mystère de pauvreté qui seule peut répondre à ce cri de Job : « *Vraiment, la vie de l'homme sur la terre est une corvée, il fait des journées de manœuvre* ». Tout cela est peu de choses puisque le Christ est avec nous, qu'il nous transforme, qu'il part pour revenir.

Le Seigneur vient dans nos vies, il habite nos vies. Je voudrais que vous annonciez l'Evangile, que vous soyiez un témoignage vivant de l'Evangile. Cela suppose une plongée dans la prière du Christ, cela suppose que nous lui laissions conduire nos vies par son Esprit-Saint.

Demandons au Seigneur les uns pour les autres de découvrir ce mystère de recherche de Dieu qui est au cœur des hommes. L'Eglise prie, elle est tout entière présente pour annoncer au monde le mystère du salut. Demandons pour elle un esprit de sagesse et de discernement... « *Je ne suis venu dans le monde que pour rendre témoignage à la vérité, c'est pour cela que je suis sorti.* » Demandons de nous plonger au cœur de la Trinité dont tout part. Si le Christ vient d'auprès de son Père c'est pour que nous y retournions et que nous découvrions l'amour dont nous sommes enveloppés. Cet amour qui est entre le Père et le Fils est inouï, il pénètre au plus profond de nous-mêmes, il fait de nous des êtres nouveaux. Que cette invraisemblable nouveauté du Christ pénètre notre être et fasse de nous des hommes nouveaux. Paul, en prison, peut dire au roi Agrippa en présence de Festus : « *Puisse Dieu faire que non seulement toi, mais tous ceux qui m'écoutent aujourd'hui, vous deveniez tels que je suis moi-même à l'exception des chaînes que voici* » (Ac 26, 29). C'est le meilleur de ce que nous pouvons annoncer à nos frères, que nous soyons semblables au Christ, que nous soyons les imitateurs de Dieu comme Paul est imitateur du Christ. Que Dieu soit tout en tous et que nous soyons de vrais témoins. Amen !

Sixième dimanche du temps ordinaire

Livre des Lévites 13, 1-46 1 Corinthiens 10,31-11,1
Marc 1, 40-45

« *Frères, tout ce que vous faites : manger, boire ou n'importe quoi d'autre, faites-le pour la gloire de Dieu.* » Cette phrase de saint Paul se situe dans le première épître aux Corinthiens, après qu'il se soit justifié de sa conduite. Il en fait le résumé en disant : « *faites tout pour la gloire de Dieu* ». Notre vie est-elle centrée sur le mystère de la gloire de Dieu en nous, sur ce mystère qui se dévoile ? Venez-vous à l'Eucharistie en mesurant ce que vous faites ? Mesurons-nous que nous sommes en présence de Dieu, de la splendeur du mystère de Dieu ? Savez-vous que vous devez rendre gloire à Dieu, c'est-à-dire le glorifier comme le fait l'Eucharistie dont la structure est tellement typique ? Nous rendons gloire à Dieu car il nous a donné son Fils Jésus-Christ qui nous donne son propre corps, qui, lui-même, rend grâces au Père, souffre la croix, ressuscite et s'en retourne au Père en nous emmenant avec lui. Il n'y a rien de plus merveilleux que la structure de la messe, c'est une structure d'action de grâces, d'éblouissement, d'émerveillement. Nous rendons grâces à Dieu de ce qu'il est Dieu et nous nous en réjouissons. Son Fils Jésus-Christ nous a établis dans l'Eucharistie et retourne à son Père pour qu'un jour nous aussi nous allions vers le Père.

Saint Paul nous dit aussi : « *en toutes circonstances, je tâche de m'adapter à tout le monde ; je ne cherche pas mon intérêt personnel, mais celui de la multitude des hommes, pour qu'ils soient sauvés* » (cf 1 Co 9, 19-20). Je ne cherche pas mon intérêt personnel : voilà la vérité de la charité, tout est tourné vers le mystère de Dieu. Tout est transformé en un chant d'amour tourné vers le Père. Y a-t-il un chant d'amour qui passe en nous ? L'Eucharistie est-elle vraiment autre chose qu'une assistance habituelle et prévue ? Elle nous met devant le mystère de Dieu, devant ce triomphe du Seigneur présent dans nos vies et qui nous saisit. Peut-être êtes-vous choqués un peu de ce que Paul dit : « *Prenez-moi pour modèle ; mon modèle à moi, c'est le Christ* ». Nous avons à imiter Dieu. Le Seigneur nous le dit : « *Soyez parfaits comme votre Père céleste est parfait. Soyez miséricordieux comme votre Père céleste est miséricordieux* » (cf Mt 5). Si nous chantons la gloire de Dieu, c'est pour vivre comme le Christ, comme le Père qui nous aime depuis toujours et qui nous enveloppe de son cœur et de sa tendresse.

Découvrir la tendresse de Dieu : une Eucharistie, c'est cela avant tout. Découvrir cet amour de Dieu au plus profond de notre être et nous laisser faire par le Seigneur.

Pour cela nous avons besoin d'être purifiés et la guérison du lépreux est là pour nous l'expliquer : « *Un lépreux vient trouver Jésus ; il tombe à ses genoux et le supplie : "Si tu le veux, tu peux me purifier". Pris de pitié devant cet homme, Jésus étend la main, le touche et lui dit : "Je le veux, sois purifié". A l'instant même, sa lèpre disparaît et il est purifié* ». Le lépreux s'en remet inconditionnellement à Jésus : « *Si tu le veux, tu peux me purifier* ». Il y a une humilité, une disponibilité, un don total qui mérite de la part du Seigneur la réponse « *Je le veux, sois purifié* ». Lorsque le Christ touche le lépreux, il est purifié. Il me semble que dans la tradition juive, il n'était pas permis de toucher un lépreux. Mais le Christ est au-delà de cela. Il est le maître du sabbat, il est le maître de savoir s'il peut ou non toucher le lépreux pour le purifier. Il fait entrer dans la transformation totale de ce que nous sommes. Nous avons à être purifiés de ce que nous sommes pour chanter la gloire de Dieu. Etre purifiés, c'est-à-dire laisser cette parole pénétrer en nous, laisser cette parole nous transfigurer, laisser cette parole jouer en nous. La Parole de Dieu nous purifie. Rappelez-vous ce que le Christ dit à ses apôtres au moment du lavement des pieds (cf Jn 13). Les apôtres n'ont pas besoin d'être purifiés, ils sont déjà purs parce qu'ils ont reçu la Parole. Mais comme le dit saint Jean dans sa première épître, il faut se laisser purifier jusqu'au fond de l'être pour être pur comme Jésus est pur. « *Quiconque a cette espérance en lui se rend pur comme celui-là est pur.* » (1 Jn 3,3)

Nous avons à être transformés par la Parole de Dieu à une profondeur inouïe et vous remarquerez dans la suite du récit que le lépreux est réintroduit dans le culte car ce qui fait le drame de la lèpre, image du péché, c'est qu'elle exclut de la communauté. Ici il y a réintégration dans la communauté, image de la réintégration dans ce chant d'amour qu'est une communauté chrétienne. C'est une transformation de tout l'être. « *Je le veux, sois purifié.* » Il faut que nous entendions cette parole dans notre cœur en sachant que cette parole est vraie. Nous avons été purifiés au baptême mais nous avons sans cesse à être purifiés pour avancer dans la gloire.

Chanter le mystère de Dieu : voilà ce que je voudrais que vous dégagiez de cette Eucharistie. Chanter le Seigneur, chanter sa miséricorde, chanter ce qu'il est, chanter parce que nous le connaissons. Faisons en sorte que nos eucharisties soient une rencontre avec le Seigneur et non une succession d'actes formels. Que cette vie coule en nous comme une source transformante. Réjouissez-vous que Dieu soit le centre de votre vie ? Chantez-vous comme les chrétiens qui ont pris conscience de ce qu'ils font ? Chantez-vous parce que vous êtes aimés, parce que le Seigneur a mis la main sur vous, parce qu'il vous a touchés et que vous êtes guéris ? Oui, nous n'imaginons pas la profondeur du péché, mais ce que le Seigneur nous demande c'est la confiance en sa miséricorde. Par elle, il peut faire de nous des êtres libres. C'est vraiment un chant d'action de grâces qui va jaillir tout au long de cette Eucharistie qui va faire que tout notre être passe en Dieu.

Etre vraiment habités par Dieu, découvrir l'habitation trinitaire que Dieu nous propose, voilà ce vers quoi nous sommes tendus.

Etre aimés de Dieu, répondre à la tendresse de Dieu, nous laisser faire : « *Je le veux, sois purifié* ». Il faut que nous entendions cette parole et que nous chantions le Seigneur parce qu'il est bon, parce qu'il est vérité, parce qu'il est amour. Le Seigneur demande au lépreux de ne rien dire à personne mais d'aller se montrer au prêtre pour accomplir ce que prescrit la loi de Moïse. Le Seigneur dit cela parce qu'il veut attendre le moment décisif pour se dévoiler et, dans l'évangile de Marc tout particulièrement, le Seigneur demande qu'il ne soit pas dit qui il est. Il le dira dans la splendeur de la gloire sur la croix et dans la résurrection.

Demandons au Seigneur de fêter le mystère de sa présence ; c'est lui qui nous a aimés le premier. Nous n'avons qu'à répondre avec une totale disponibilité. Quand nous nous adressons au Seigneur, c'est toujours en nous en remettant à lui. Toute prière est une prière qui se remet en toute disponibilité au Seigneur. « *Si tu le veux.* » Chantons cette initiative du Seigneur qui vient dans nos vies nous purifier et demandons au Seigneur de mesurer la profondeur de notre faiblesse et de notre péché.

La grâce que je vous souhaite, c'est que vous fassiez l'expérience de Dieu et que vous découvriez à quel point il veut nous purifier au-delà de tout ce que nous imaginons. Il est la pureté même. Il est l'amour. Laissons-le faire. Amen !

Septième dimanche du temps ordinaire

Isaïe 43, 18-25 2 Corinthiens 1, 18-22 Marc 2, 1-12

« *Nous n'avons rien vu de pareil !* » C'est l'exclamation de la foule après la guérison du paralysé. Cela traduit la conscience de cette nouveauté étonnante qu'est le mystère du Christ. Le Seigneur dit au paralysé une affirmation qu'il n'attend pas du tout : « *Mon fils, tes péchés sont pardonnés* ». Le paralysé est venu retrouver la santé et l'usage de ses membres et voilà qu'il s'entend dire « *Tes péchés sont pardonnés* ». L'attitude du Seigneur est paradoxale et va beaucoup plus loin. Il veut guérir le cœur de l'homme au plus profond de lui-même et pour cela, il se donne tout entier. « *Tes péchés sont pardonnés.* » Or, il y avait dans l'assistance quelques scribes qui raisonnaient en eux-mêmes : « *Pourquoi cet homme parle-t-il ainsi ? Il blasphème. Dieu seul peut pardonner les péchés* ». Pénétrant aussitôt leur pensée, Jésus leur dit : « *Pourquoi de tels raisonnements ? Qu'est ce qui est le plus facile ? de dire au paralysé : tes péchés sont pardonnés, ou bien de dire : lève-toi, prends ton grabat et marche ? Eh bien ! Pour que vous sachiez que le Fils de l'Homme a le pouvoir de pardonner les péchés sur la terre, je te l'ordonne (dit-il au paralysé), lève-toi, prends ton brancard et marche* ».

« *Voici que je fais un monde nouveau : il apparaît déjà, ne le voyez-vous pas ?* » nous dit aujourd'hui le prophète Isaïe : C'est vraiment le mystère du Christ. Le Christ est venu pour pardonner les péchés. Dans saint Jean, au soir de Pâques, Jésus ressuscité dit à ses apôtres : « *Recevez l'Esprit-Saint. Ceux à qui vous remettrez les péchés, ils leur seront remis ; ceux à qui vous les retiendrez, ils leur seront retenus* » (Jn 20, 22-23). La délivrance des péchés est le cœur de l'évangile. Le péché nous colle à la peau. Nous sommes des êtres non entièrement rénovés. Nous avons commencé à sentir en nous l'influence de la résurrection, nous sommes des baptisés et vivons de la foi en Jésus-Christ. Mais le Seigneur nous demande de découvrir l'horizon de sa toute-puissance qui concerne essentiellement le péché. Il est venu pour nous sauver. Mesurons-nous ce que cela signifie ? Mesurons-nous la signification du geste de Jésus de guérir le paralytique pour nous faire comprendre quelque chose de beaucoup plus profond ? Il pardonne les péchés, nos propres péchés, ceux qui sont là au plus profond de notre vie et dont nous n'arrivons pas à nous détacher. Mais le Seigneur est là, il nous demande de le regarder et de croire que tout est possible.

Nous pouvons être un monde renouvelé, un monde qui dise oui à Dieu. Ecoutons saint Paul : « *Le langage que nous vous parlons n'est pas à la fois "oui" et "non". Le Fils de Dieu, le Christ Jésus, que nous avons annoncé parmi vous, Silvain, Timothée et moi, n'a pas été à la fois "oui" et "non" ; il n'a jamais été que "oui". Et toutes les promesses de Dieu ont trouvé leur "oui" dans sa personne. Aussi est-ce par le Christ que nous disons "amen", notre "oui" pour la gloire de Dieu* ». Si le Christ pardonne nos péchés, s'il nous en délivre, c'est pour que nous soyons des fils. D'ailleurs vous avez remarqué la formule : « *Mon fils, tes péchés sont pardonnés* ». Nous vivons dans cette filiation qui est le oui du Christ à son Père. Le Christ se reçoit du Père, il se donne à son Père. Le Christ n'a été que oui car il ne fait que la volonté du Père. Nous pouvons devenir "oui" dans le Christ et être "amen" à la gloire de Dieu. Le Seigneur nous fait dire oui. Le Seigneur nous fait être dans un oui étonnant, un oui qui nous consacre au Christ et qui nous donne l'Esprit-Saint. Ce qui nous rend solides dans le Christ, c'est Dieu car il a mis sa marque sur nous et il nous a fait une première avance sur ses dons, l'Esprit-Saint qui habite en nos cœurs. Nous sommes transfigurés par cette présence du Seigneur et nous devons nous demander si nous prenons suffisamment à cœur cette transformation qui nous appelle au plus profond de nous-mêmes.

Profitons-nous du sacrement de pénitence ? Profitons-nous de ce pardon qui est là à notre disposition ? Profitons-nous de cette possibilité que le Seigneur nous offre qui est de nous transformer entièrement ? Nous avons, en effet, à rencontrer le Christ, à le rencontrer dans cette transformation qu'il fait de nous-mêmes : le pardon de nos péchés, le renouvellement de notre être. « *Je fais toutes choses nouvelles. Je fais un monde nouveau* ». Voilà la vérité de la pénitence. Nous venons trouver le Seigneur, il nous pardonne, il nous donne d'être vraiment des êtres nouveaux entièrement « oui » à Dieu, des fils de Dieu. Nous avons à demander au Seigneur de découvrir cette filiation qui est le cœur de la vie chrétienne. Nous sommes des fils ; nous pouvons regarder notre Père parce que tout a été renouvelé en nous, tout a été transformé. Nous n'avons pas besoin d'avoir peur du péché. Certes nous sommes des êtres mêlés et touchés par lui mais il faut regarder plus profondément que tout cela. Il y a l'amour de Dieu au cœur de notre vie, l'amour du Seigneur qui s'est livré, cet amour qui s'est donné dans la croix et dans la résurrections. Quand le Christ dit : « *Pour que vous sachiez que le Fils de l'homme a le pouvoir de pardonner les péchés sur la terre, je te l'ordonne, lève-toi, prends ton brancard et rentre chez toi* », le Christ veut nous dire que, dès cette terre, il a le pouvoir de pardonner les péchés et qu'il communique ce pouvoir à ses apôtres.

Pardonner les péchés est la chose la plus extraordinaire qui soit. C'est la réalité la plus fondamentale, beaucoup plus importante que la guérison du paralysé. C'est une transformation de notre être, c'est une vie dans la vie de Dieu, c'est la vie éternelle qui est commencée en nous et qui doit se développer. Nous avons souvent, je l'espère, entendu dans nos vies « tes péchés sont pardonnés ». Il faut que le sacrement de pénitence redevienne pour chacun d'entre nous ce qu'il est, un sacrement de vie, un sacrement de transformation. Nous n'aurons peut-être pas de transformations spectaculaires mais le Seigneur nous transformera à la racine de notre être, là même où nous n'avons pas conscience, il transformera notre cœur d'où tout part et hélàs d'où viennent aussi tous nos péchés, toutes nos misères.

Le Seigneur vient nous donner son propre cœur. Il vient nous communiquer ce qu'il est, il vient nous communiquer la nouveauté qu'il est, le oui à Dieu qu'il est. Alors vous le comprenez bien, ce « oui » au Seigneur est vraiment notre être. Il suffit d'ailleurs de regarder Marie comme nous regardons le Christ. Elle a été oui, elle a été oui toute entière, oui à l'Annonciation, oui à la Croix, oui à la Résurrection. Elle n'a été que « oui » au don de Dieu. Notre seule unité est là dans notre loyauté envers Dieu. C'est Dieu qui nous la donne parce que Dieu est fidèle et qu'il pardonne à l 'infini, il pardonne avec une joie extraordinaire. Rappelons-nous la parabole de l'enfant prodigue : le Père est là pour le recevoir comme pour nous montrer que nos péchés ne sont rien dans la miséricorde du Seigneur. « C'est moi, moi, qui efface tes crimes par égard pour moi, et je ne me souviendrai plus de tes fautes » nous dit Isaïe.(ch 43, 25). Le Seigneur oublie nos péchés, demandons-lui qu'il n'en tienne plus compte et que nous soyons des êtres prêts à lui dire « oui ». Un « oui » le plus étonnant qui soit, le « oui » du Christ à la gloire de Dieu. Laissons-nous faire. Le Seigneur nous transformera. Il mettra sa marque sur nous et nous vivrons de l'Esprit-Saint puisqu'il nous en a fait le don en arrhes. Nous connaîtrons le face à face avec Dieu, nous serons transformés jusqu'au fond de notre être. Nous serons guéris jusque dans notre corps. Il y a d'abord la guérison des péchés mais il entraîne la guérison de notre corps. Nous aurons le corps transfiguré à l'image du corps du Christ. Notre corps sera transformé en corps de gloire et nous serons la joie de Dieu. Amen !

Premier dimanche de Carême

Genèse 9, 8-15 1 Pierre 3, 18-22 Marc 1, 12-15

Nous entrons aujourd'hui en Carême. Nous entrons dans ce temps que l'Eglise a établi pour faire mention de la croix et de la résurrection du Christ et pour nous introduire dans son mystère. Quelle est votre idée du Carême ? Je voudrais savoir si vous en faites une étape sans grande importance dans le déroulement de votre vie ou bien s'il s'agit pour vous d'un temps marqué par des sacrifices qui vous ont douloureusement marqués.

Le carême est autrement plus grand et plus profond que tout cela. C'est vraiment le Seigneur entrant dans notre vie et prenant sur lui notre épreuve. Car finalement le carême est l'épreuve du Seigneur, et c'est notre épreuve en lui. Il s'agit de l'épreuve au sens biblique du mot, c'est-à-dire de la mise en question de nous-mêmes par le Seigneur pour que nous devenions ce qu'il veut par l'écoute de sa Parole et par sa mise en pratique dans nos vies. Il s'agit d'abord de contempler le Christ qui a pris sur lui notre épreuve jusqu'au bout.

L'Esprit pousse le Christ en notre nom à tous au désert. Là, il jeûne quarante jours. Ce chiffre est le symbole de la vie humaine. C'est vraiment une entrée dans le désert qui se présente comme un temps monotone, un temps où rien ne paraît se dévoiler. Ce temps se présente avec une apparence sévère, où tout est chemin sans chemin, chemin qui ne mène nulle part. Le Seigneur passe quarante jours dans le désert pour supporter la tentation. « *Tout Fils qu'il était, apprit, de ce qu'il souffrit l'obéissance ; après avoir été rendu parfait, il est devenu pour tous ceux qui lui obéissent principe de salut éternel* » (He 5, 8-9). Il s'agit d'une entrée dans la vie humaine que le Christ a prise sur lui. Job nous dit que la vie est une corvée qui saisit toute la vie humaine. Le Seigneur, par sa miséricorde nous prend dans cette vie, nous enveloppe de son amour et nous apprend à le reconnaître. Il s'agit pour nous de découvrir ce temps d'épreuve que le Christ a vécu librement. Il s'est mis à notre place librement, aussi nous avons, nous aussi, à entrer dans cette grande épreuve. Notre vie est un temps d'épreuve, d'épreuve dans l'amour, d'épreuve dans la vérité. C'est vraiment l'or qui est mis à nu, qui dévoile sa clarté et se dégage du minerai qui l'enveloppe.

Le Seigneur fait ainsi pour nous. Il veut dégager ce qu'il y a de mauvais en nous pour nous faire entrer dans sa propre plénitude. Saint Pierre nous dit que le Christ, « *le juste est mort pour les coupables afin de vous introduire devant Dieu. Dans sa chair, il a été mis à mort, dans l'esprit il a été rendu à la vie* ». C'est une chose merveilleuse de contempler le Christ juste, innocent, mort pour nos péchés qui nous introduit dans le mystère de Dieu. Nous sommes engagés dans ce mystère de mort et de résurrection et nous nous ne pouvons pas passer ce temps de Carême sans entrer dans la joie de Dieu, dans la joie de Pâques, car ce qui est derrière c'est la mort et la résurrection. « *Dans sa chair, il a été mis à mort, dans l'esprit il a été rendu à la vie* ». Y a-t-il parole plus merveilleuse ? Dans sa chair il a été mis à mort : voilà vraiment l'épreuve, l'épreuve suprême que nous aurons tous à passer, l'épreuve qui est vraiment un amour.

Nous n'avons pas le droit de regarder la mort comme un obstacle, mais comme une rencontre avec le Seigneur qui fait de nous des êtres libres, vivant pour Dieu. Mais vous me direz, mourir ainsi est-ce possible ? Je vous réponds sans hésiter que c'est le regard de Dieu sur notre vie et le regard qu'ont eu les apôtres sur leur propre vie. C'est le regard qu'ont eu aussi les saints sur leur propre vie. Il s'agit de mourir pour vivre de toute la vie de Dieu, pour connaître l'aventure du mystère de Dieu.

Le carême doit être pour nous une rencontre nouvelle avec le Seigneur, une rencontre que nous n'imaginons pas, une rencontre de quarante jours de méditation sur le visage défiguré du Christ que Dieu met dans sa lumière et rend merveilleux dans l'Esprit-Saint. Nous avons à découvrir que la vie chrétienne est une vie dans laquelle il faut s'engager. Nous avons à nous dégager du péché nous dit saint Pierre mais pour « *nous engager envers Dieu avec une conscience droite* ». Le Christ a vécu sa mort dans un acte libre avec une conscience droite. Une conscience droite et lumineuse ne se fait pas d'illusions sur elle-même mais laisse le Seigneur découvrir notre misère et notre faiblesse. Il s'agit de nous engager envers Dieu, je dirais, avec la conscience même du Christ s'engageant envers son Père car il nous donne de participer à cet engagement. Il s'est livré par amour pour nous, à nous de nous livrer par amour et de nous engager dans notre vie quotidienne avec une conscience droite. Nous avons à renouveler constamment notre baptême : cela suppose que nous puissions voir toutes les épreuves de notre vie avec une conscience droite.

S'engager envers Dieu avec une conscience droite. Il y a quelque chose de merveilleux dans cette formule qui tient certainement au fait que Pierre a su le prix de la fidélité. Il souhaite que ses fidèles disent un oui total à Dieu, un oui lumineux qui les engage tout entiers. Nous allons vers Pâques, aussi ne cesserons-nous pas de monter à Jérusalem, nous ne cesserons pas cette ascension vers le Père, nous avancerons vers la croix et la résurrection du Christ qui sont nôtres.

Désormais l'alliance est là, le Seigneur est fidèle, il nous a tout donné, il nous demande de suivre le Christ là où il va : pour le moment, il est au désert ! « *Il vivait parmi les bêtes sauvages et les anges le servaient.* » C'est une formule qui, dans la Bible, signifie la restauration de la vie messianique, de la vie de la fin des temps. Poussé dans la monotonie du désert, Jésus n'est pas seul, il est avec son Père.

Nous avons à demander d'être avec le Seigneur et de nous livrer à lui. Nous avons à entrer dans la splendeur de l'amour que l'Eglise veut pour nous. L'Eglise nous veut tout ouverts à sa parole. Ecouter la Parole, ce n'est pas simplement lire les textes, c'est laisser cette Parole nous pénétrer, nous briser, nous broyer. Cette parole est vivante, elle nous introduit dans le mystère de Dieu. Il faut que nous découvrions que notre vie a besoin d'être mise en cause par Dieu. Jésus-Christ nous met devant la vérité de Dieu et là, nous ne pouvons pas nous dérober. La Parole de Dieu est là pour que nous reconnaissions dans l'Esprit-Saint le Seigneur et que nous puissions lui dire que nous sommes décidés à le suivre. Dans la croix et la résurrection, demandons au Seigneur de l'aimer jusqu'au bout, d'une façon tout à fait libre et droite. Si le Christ est passé par la tentation, c'est pour en triompher. Nous sommes déjà des grands vainqueurs dans le Christ. Tout est gagné. Il est le victorieux. Il est le fidèle. Amen !

Deuxième dimanche de Carême

Genèse 22, 1-18   Romains 8, 31-34   Marc 9, 2-10

Nos vies sont des montées à Jérusalem, nos vies sont des chemins de croix : l'évangile de ce jour nous invite à le reconnaître. Pierre a confessé le Christ comme le Messie, le Fils du Dieu vivant. Tout le contenu de la plénitude de la foi est donné là et pourtant dès que le Seigneur lui apprend sa montée à Jérusalem, sa mort et sa résurrection, le scandale est là. Pierre s'insurge : « *Non, cela ne t'arrivera pas !* ». Nous sommes au cœur de toute foi humaine, nous sommes tous comme Pierre, nous refusons tous ce chemin, chemin qui mène à Jérusalem et qui mène à la croix et à la gloire. Nous le refusons parce que nous avons peur de bien des manières, parce que nous nous demandons vraiment où le Seigneur veut en venir et parce que nous sommes toujours face à ce scandale du mal, ce scandale de la souffrance, ce scandale du chemin que le Seigneur a choisi pour nous. Mais le Seigneur nous aime, il est plein de tendresse. Il ne veut pas nous laisser dans cette faiblesse. Il veut que notre foi grandisse, que notre foi s'épanouisse, qu'elle prenne toute sa dimension.

« *Jésus prend avec lui Pierre, Jacques et Jean, il les emmène, eux seuls, à l'écart sur une haute montagne. Et il fut transfiguré devant eux.* » Jésus dévoile à ses apôtres qui il est, il dévoile qu'il habite cette gloire depuis toujours auprès du Père, il découvre qu'il est le Seigneur présent et qu'il suffit de le regarder pour le trouver. Il nous invite aussi à le contempler. C'est vraiment son visage que nous avons à découvrir, ce visage à nul autre pareil, ce visage que le Seigneur nous donne de contempler dans la foi avec les yeux illuminés du cœur. Cet homme qui marche vers la croix, c'est l'homme qui est le Fils de

Dieu, c'est la splendeur du Père, c'est la splendeur de la vie éternelle manifestée.

Mais même là encore, notre foi est faible. Comme Pierre, nous sommes tentés de dire : *« Maître, il est heureux que nous soyons ici ; dressons donc trois tentes : une pour toi, une pour Moïse et une pour Elie »*. Oui, nous sommes tentés de fixer l'instant inouï où ils ont été devant le Seigneur, non plus sous son aspect d'humilité mais sous son aspect de gloire. Nous avons la tentation de fixer les moments du Seigneur, ceux que nous aimons, ceux qui ont touché notre sensibilité profondément, ceux où nous nous sommes trouvés avec le Seigneur sous sa tente, pris dans son mystère, pris dans son amour.

« De la nuée, une voix se fait entendre : Celui-ci est mon Fils bien-aimé. Ecoutez-le. » Tout est là. Il suffit d'écouter, il s'agit d'entendre la Parole. C'est la même parole dite au baptême. C'est la parole qui dit tout le mystère du Seigneur. Celui-ci est le Fils qui se livre tout entier pour nous et nous avons à l'écouter. Nous devons écouter cette Parole à nulle autre pareille, cette parole qui nous dit tout, tout de nous-mêmes, tout de Dieu. Nous avons à l'écouter pour l'entendre.

Il faut bien reconnaître qu'écouter et entendre cette parole fait mal. La Parole de Dieu éclaire, pénètre la chair, est comme un glaive à deux tranchants ; elle nous engage jusqu'au tréfonds de nous-mêmes. Souvent, nous avons peur d'écouter cette Parole comme nous avons peur de monter à Jérusalem, nous avons peur d'écouter cette Parole si étonnante qui nous trace pour chacun un chemin que nous ne connaissons pas.

Le Seigneur est un chemin. Il faut rentrer dans ce chemin souvent difficile. Nous savons que ce chemin nous invitera à aller toujours plus loin dans le mystère du Christ. Vous savez ce qui est arrivé à Pierre : il a renié son Seigneur puis il a reçu l'assurance qu'il passerait par la même voie que lui. Pierre a entendu cette Parole étonnante qui dit tout le mystère de Dieu. Il faut que nous l'écoutions nous aussi, d'autant plus que c'est l'expression même de l'amour du Père, l'expression de cet amour infini qui est là, qui est tout présent et qui triomphe de toutes les difficultés.

Le scandale. Le scandale de la croix. Il ne faut pas biaiser devant lui, il est immense, il est au cœur de toutes nos vies et il nous prend tous à un moment ou à un autre. Le Seigneur a eu son heure. Nous aurons notre heure aussi, nous aurons des moments où il faudra tenir dans la foi nue, dans la foi où l'on ne sent rien, dans la foi qui est le mystère de Dieu qui s'ouvre à nous, qui découvre la splendeur de l'amour. Il faut entrer dans le mystère de Dieu mais pour cela, il faut laisser la Parole de Dieu nous y introduire. Cette rentrée du Seigneur dans nos vies par sa Parole a quelque chose d'étonnant, qui nous bouleverse tous un peu. Il rentre comme il lui plaît, de façon unique pour chacun. Il y a un regard du Seigneur sur chacun de nous, un regard qui nous construit, qui nous donne d'aimer, qui nous donne de le rencontrer, mais ce regard est différent pour chacun. Il nous invite à aller toujours plus en avant.

Nous risquons de faire comme Thomas, de dire au Seigneur que nous le suivrons partout et à chaque instant. Le Seigneur est capable de nous faire comprendre qu'il n'en est rien, que nous ne le suivons pas vraiment ! Le fond de notre prière doit consister à demander au Seigneur d'être fidèles à l'infini, cet infini qui nous est donné par sa Parole, par le Fils bien-aimé qui nous entraîne dans la vérité de son amour. Chacun d'entre nous est appelé par le Seigneur par son petit nom. Cet appel est unique pour chacun, c'est vraiment l'appel du Seigneur qui nous demande de venir près de lui et de demeurer près de lui. Il n'y a rien de contradictoire entre le désir de Pierre, Jacques et Jean d'avoir une tente et la demeure que nous promet saint

Jean. La demeure que nous promet saint Jean, c'est celle que le Seigneur promet à tous les disciples qui lui sont fidèles. Il s'agit pour nous d'entrer dans cette demeure de l'amour, demeure du mystère de l'Esprit-Saint.

Dans l'Eucharistie que nous allons célébrer, nous demanderons au Seigneur d'entrer dans ce mystère qui nous enveloppe de partout, qui nous scandalise bien souvent mais qui est ouverture au mystère de Dieu. Le Seigneur ne veut qu'une chose, nous donner son Fils, nous livrer son Esprit, nous livrer à l'amour. Pour que nous le suivions comme les saints l'ont suivi, comme les apôtres l'ont suivi, comme tous les témoins innombrables l'ont suivi, nous avancerons à pas d'amour dans la foi et le Seigneur nous fera comprendre qui il est. Nous le connaîtrons comme on ne peut connaître personne, nous le connaîtrons de manière intime, et nous chanterons la gloire de Dieu car nous l'aurons découvert vivant, Fils bien-aimé. Nous serons, nous aussi, des fils bien-aimés qui écoutent la Parole, la mettent en pratique, c'est-à-dire, laissent la parole déchirer leur cœur pour lui ouvrir leur porte et que nos cœurs broyés, humiliés découvrent la splendeur de Dieu. Que la splendeur de Dieu pénètre dans votre cœur et qu'elle vous ouvre à l'amour du Père. Amen !

Troisième dimanche de Carême

Exode 20, 1-17 1 Corinthiens 1, 22-25 Jean 4, 5-42
(texte année A)

Elle ne s'attendait pas à cette rencontre, elle n'y était pas préparée. La Samaritaine rencontre au puits de Jacob Jésus fatigué par la route. Elle trouve quelqu'un, un juif, qui lui demande à boire. Cela surprend car les juifs n'ont rien en commun avec les samaritains. Et Jésus lui dit : *« Si tu savais le don de Dieu et qui est celui qui te demande à boire, c'est toi qui l'aurais prié et il t'aurait donné de l'eau vive »*. C'est le Seigneur qui a l'initiative. C'est le Seigneur qui pose le premier les questions. C'est lui qui oriente tout le débat et qui oriente toute la conversation. Il veut dévoiler à cette samaritaine le mystère de Dieu. De plus, il veut qu'elle se découvre elle-même dans son propre mystère. Il veut donner à cette femme de l'eau, l'eau de la vie éternelle. Il veut lui donner ce qui deviendra en elle source jaillissant en vie éternelle c'est-à-dire ce mystère de l'Esprit qui est au cœur de notre vie, nous transforme et nous transfigure.

Le Seigneur n'hésite pas à rentrer au cœur de la vie de cette femme en lui demandant : *« Va, appelle ton mari et reviens ici ». La femme lui répondit : « Je n'ai pas de mari ». Le Christ lui répond : « Tu as bien fait de me dire que "tu n'as pas de mari" car tu as eu cinq maris et celui que tu as maintenant n'est pas ton mari »*. Le Seigneur pénètre dans le cœur de cette femme, le met à nu et lui dévoile ce qu'elle est. Elle est en recherche du mystère de Dieu et ne le sait pas. C'est le Seigneur qui lui dévoile le chemin devant elle et qui va lui donner de comprendre qu'il est le Sauveur du monde.

Il y a dans la vie de cette samaritaine tout notre mystère. Chacun de nous est appelé par le Seigneur à son heure, comme il lui plaît. Nous sommes, nous aussi, interrogés par le Seigneur, mis en cause par lui, et nous avons à lui répondre. La rencontre doit être aussi décisive que pour la samaritaine car le Seigneur dit tout à cette femme. Il lui dit qu'il est le Messie : « *Je le suis moi qui te parle* ». Une allusion au « Je suis » de l'Exode, le nom de Dieu. Cette femme, c'est notre modèle à tous.

Nous sommes entrés dans ce mystère de rencontre avec le Seigneur et il faut que cette rencontre soit toute nouvelle. Il faut que nous découvrions le Seigneur de l'intérieur, comme il est, et que nous apprenions à l'adorer en esprit et en vérité. Voilà ce que le Seigneur veut nous apprendre. Ce n'est pas nous qui pouvons le faire. Tout dépend du Seigneur, tout dépend de sa prévenance qu'il faut recevoir. Nous avons à être dociles à l'inspiration de l'Esprit, nous avons à nous laisser guider par les évènements, par le Christ qui se manifeste à nous selon la façon qui correspond à chacun d'entre nous, selon notre vocation aussi différente de la vocation de notre voisin. Le Seigneur nous demande de nous ouvrir à sa rencontre qui nous dévoile le mystère de l'adoration du Père.

Adorer en esprit et en vérité c'est-à-dire dans le Christ vivant. Pour cela, nous avons à découvrir le visage du Christ qui passe par-delà tous les tabous, par-delà tous les interdits. Il sait bien que parler avec la samaritaine est pour les juifs un scandale. Mais il veut rencontrer cette femme, il veut que son mystère éclate dans ce cœur. Il éclate tellement que cette femme va dans la ville dire et proclamer que le Messie est là : *« il m'a dit tout ce que j'ai fait ».*

Aimer Dieu c'est le rencontrer comme cette samaritaine qui reconnaît son Seigneur et va rassembler les gens de la ville pour le leur dire : elle devient, par le fait même, missionnaire. Demandons au Seigneur d'entrer dans son cœur qu'il nous ouvre. Il veut nous donner sa vie, il veut nous donner son esprit, car l'eau vive c'est la vie, c'est l'Esprit. Le Christ a crié lors de la fête de la Dédicace : *« Si quelqu'un a soif qu'il vienne à moi, et qu'il boive celui qui croit en moi »* (Jn 7, 37). Demandons au Seigneur de puiser cette eau vive qui jamais ne s'épuise, cette eau qui est le mystère de Dieu même. Les champs sont blancs et deviennent prêts pour la moisson. Le Seigneur le sait : il envoie ses disciples et les forme.

Demandons au Seigneur de nous révéler ce qu'est une rencontre avec lui : chacun a son heure, l'heure où se joue toute une vie. Si cette heure est déjà passée, renouvelons cette grâce par la parole toute nouvelle. Si l'heure de notre vie est là, acceptons que nos cœurs se brisent et se broient pour entrer dans le mystère de Dieu, y être fidèles et toute attention à lui. Laissons le Seigneur nous déconcerter comme la samaritaine. Le Seigneur est déconcertant parce qu'il ne prend pas nos chemins, parce qu'il invente des chemins nouveaux pour que nous le rencontrions et que nous soyons avec lui. L'Esprit-Saint est la demeure d'amour du Père et du Fils : entrons dans cette demeure et qu'elle soit le cœur de notre vie. Que tout nous soit donné au cœur de cette rencontre. Que toutes nos activités en soient illuminées et que cette rencontre nous transforme.

Ensemble, nous prierons pour toute l'Eglise, nous prierons pour que être tous capables de témoigner devant nos frères que le Seigneur est le sauveur du monde, le Seigneur vivant et vrai. Amen !

Quatrième dimanche de Carême

2 Chroniques 36, 14-23 Ephésiens 2, 4-10 Jean 9, 1-41
(texte de l'année A)

Il est merveilleux le Seigneur, merveilleux parce qu'il nous ouvre les yeux. Merveilleux parce qu'il déroule devant nous le plan du salut. Merveilleux parce qu'il se donne lui-même entièrement. Le Seigneur est merveilleux parce qu'il nous ouvre les yeux. Les catéchumènes le savent bien, eux qui découvrent le paysage nouveau de la foi qui les amène à confesser le Christ. « *"Je crois, Seigneur" et il se prosterna devant lui.* »

Le Seigneur est merveilleux parce qu'il nous donne des yeux nouveaux. Nous avons besoin de nouveaux yeux pour découvrir qui est le Seigneur. Nous avons besoin des yeux illuminés du cœur pour que notre foi s'éveille. Nous avons besoin du Seigneur parce que lui seul peut nous dire qui Il est. Le Seigneur nous fait entrer ensemble dans un mystère, avec tous les catéchumènes de l'Eglise. Un d'entre eux est parmi nous. En priant pour lui, nous sommes devant le Seigneur qui rencontre un être, le transforme pour le ressusciter un jour avec lui. Saint Paul nous dit aujourd'hui que le Christ *« nous a ressuscités ; avec lui il nous a fait régner aux cieux, dans le Christ Jésus »*. Nous aurons le Seigneur et nous serons avec lui pour toujours. Il y a dans le mystère de la foi quelque chose d'inouï comme cette guérison de l'aveugle-né.

Le Seigneur fait des gestes très simples : il a pris de la boue, il l'a mise sur les yeux de l'aveugle et lui a dit d'aller se laver. C'est pour annoncer qui Il est : le Seigneur qui domine toutes choses. L'aveugle dit, en réponse aux Pharisiens qui accusaient le Christ de péché : *« Jamais on n'a ouï dire que quelqu'un ait ouvert les yeux d'un aveugle-né. Si cet homme ne venait pas de Dieu, il ne pourrait rien faire. Ils lui répondirent : "De naissance tu n'es que péché et tu nous fais la leçon !"*.

Il nous faut accepter la leçon que le Seigneur veut nous donner. Elle est là pour nous éveiller à la foi, découvrir l'aventure qui est sur chacun d'entre nous. Nous avons à découvrir le petit nom qu'il a trouvé pour nommer chacun d'entre nous, découvrir ce qu'il est pour nous. Nous avons à découvrir le Seigneur comme un être personnel, comme l'être le plus nouveau qui soit, qui nous appelle à la nouveauté la plus totale. Nous allons vers Pâques pour renaître à la vie de l'Esprit-Saint qui conduit nos vies, qui nous guide et nous dirige. C'est le Seigneur qui dirige, c'est le Seigneur qui nous mène. Nous sommes des êtres extraordinaires car un jour, il nous fera tout neufs c'est-à-dire ressuscités. Notre joie c'est la miséricorde qui nous transforme, c'est la miséricorde qui nous emporte, c'est la miséricorde qui nous fait dépasser tous nos péchés. Nous avons en nous un appel à la joie parfaite, l'appel à la joie même de Dieu à travers les souffrances, les difficultés, les misères, à travers même la cruauté du monde. Nous avons un autre horizon, nous avons l'horizon même de Dieu. Il faut découvrir l'horizon qui va de la croix à l'apocalypse.

Nous montons à Jérusalem pour la Pâque et nous allons vers la résurrection. Il y a une chose que je voudrais vous dire, du fond du cœur : le Seigneur est tout-puissant dans nos vies et quoi que nous ayons fait, qui que nous soyons, il peut tout, il peut nous ressusciter et faire de nous des êtres absolument nouveaux. Le Seigneur vient à notre rencontre, en passant comme ce fut le cas pour l'aveugle-né. Il nous dit « viens » et il faut le suivre en le laissant nous mener et nous guider là où il veut, de la manière qu'il veut.

Rencontrer le Seigneur, c'est rencontrer un regard, un regard qui nous dessille les yeux, un regard qui nous fait reconnaître que Dieu est tout-puissant dans ce monde de misère et de faiblesse. Dieu est tout-puissant parce qu'il est l'Amour et ce que nous devons lui demander aujourd'hui, c'est de voir son visage. Voir le visage de Dieu. Avez-vous pensé à ce visage que nous verrons face à face ? Pensez-vous à ce visage que le Seigneur nous donnera, ce visage qui sera le nôtre, le visage de Dieu se reflétant sur nos visages ? Le Seigneur veut de nous des yeux nouveaux, un cœur nouveau, un visage nouveau. Avez-vous pensé que vous rencontrerez vos frères, ceux qui sont autour de vous, avez-vous pensé que vous les rencontrerez dans la lumière parfaite de Dieu ? Dès maintenant, le regard que nous pouvons porter sur nos frères est tout entier transformé parce que savons qu'ils se refléteront dans le visage de Dieu.

Demandons au Seigneur d'avoir ce visage que le Seigneur crée en nous et que nous ne connaissons pas forcément mais que nous connaîtrons. Nous avons à avoir le visage sur lequel se repose le regard de Dieu. Laissons-nous regarder par le Seigneur. Demandons au Seigneur de découvrir son amour, sa joie, sa paix, sa lumière et le Seigneur fera tout. Je voudrais que vous pensiez à ce visage que nous aurons lors de la résurrection des morts, car croire au Seigneur, c'est croire à la résurrection, c'est croire que nos visages seront reflets de celui du Christ.

Au milieu des difficultés de ce monde, Dieu n'est qu'Amour, il ne fait que créer des êtres nouveaux pour avoir la joie de les rencontrer dans la béatitude éternelle. Nous verrons Dieu face à face et tout notre chemin sur la terre est ce passage pour arriver au face à face. Le Seigneur nous illuminera et nous aurons les yeux illuminés du cœur, des yeux tout neufs, ceux de Paul, ceux de Jean, ceux des apôtres, nous aurons un visage nouveau, le visage de la joie. Amen !

Cinquième dimanche de Carême

Jérémie 31, 31-34 Hébreux 5, 7-9 Jean 12, 20-33

Le Père le Guillou était absent en ce dimanche : voici une homélie quotidienne sur Jean 12, 24-26.

« *Amen, amen, je vous le dis : si le grain de blé tombé en terre ne meurt pas, il reste seul ; mais s'il meurt, il donne beaucoup de fruit* ». Le grain tombé en terre, c'est le Christ. Il est vraiment tombé en terre, par sa mort, et c'est pourquoi il porte beaucoup de fruit. C'est vraiment le don de Dieu de nous faire porter du fruit. C'est la même signification que le Christ donne à l'image de la vigne. Tout nous met devant cette réalité fondamentale de cette communion au mystère du Christ qu'il nous est donné de vivre. Et cela simplement, si nous sommes capables de mourir, de nous laisser prendre par la mort du Christ, de nous laisser empoigner par la charité divine et si nous acceptons notre fidélité quotidienne au Christ. Il s'agit fondamentalement de ne pas se centrer sur soi-même. L'axe de la vie est changé dans le Christ à cause de son témoignage, à cause de ce service qu'est la Passion et la Résurrection.

« *Là où je suis, là sera mon serviteur.* » C'est vraiment le mystère d'une communion infinie. Comment dire qu'il est possible de communier au Seigneur dans son mouvement de la Passion, c'est-à-dire dans le mouvement du retour au Père sans la vérité de la charité qui habite le cœur du Christ !

« *Là où je suis, là sera mon serviteur.* » C'est aussi la réalité toute illuminée par le témoignage des apôtres, par le témoignage de ceux qui suivent le Christ, de ceux qui sont fidèles au message du Seigneur. Etre fidèle au message du Seigneur, c'est se *« haïr soi-même »* et vivre pour la vie éternelle. Celle-ci nous est déjà donnée, elle est au cœur de notre vie et ne demande qu'à s'épanouir.

Demandons au Seigneur de nous laisser prendre par cet amour, par ce témoignage et par ce service. Alors, tout nous sera donné, tout, c'est-à-dire toute la réalité du mystère de Dieu que nous contemplerons un jour face à face.

Dimanche des Rameaux

Isaïe 50, 4-7 Philippiens 2, 6-11 Marc 14, 1-15,47

Nous venons d'entendre le récit de la Passions de Notre Seigneur Jésus-Christ. La passion est de tous les jours. Il suffit d'entendre les nouvelles des meurtres, des assassinats, des prisons, tout ce qui enveloppe notre terre de mauvais. Nous sommes au cœur du mal et de la souffrance, le mal envahit notre monde et le pénètre de partout. Il y a une présence du mal qui est une chose effroyable, qui a une profondeur sans nom. Nous ne pouvons l'imaginer parce que seul le Seigneur peut connaître l'ampleur du mal. La passion est là dans la vie de tous les hommes qu'on assassine, de tous ces pauvres qu'on empêche de vivre, de ces pays qui sont broyés sous le joug de tyrans : je crois qu'aujourd'hui, il faut que nous pensions à cela. C'est le cœur de notre vie que le Seigneur a voulu assumer.

Vous avez remarqué que la Passion du Christ récapitule en elle toutes les trahisons, tout ce qu'il est possible de faire à un homme. Le Christ est abandonné par les siens, par ceux qu'il aime le plus. Il est trahi par un baiser. Il est renié par celui qu'il va mettre à la tête de son Eglise. Tout se passe comme si, au cœur de la vie du Christ, il n'y avait que trahison et manque de compréhension. Une incompréhension si totale que le Christ s'enfonce dans la nuit et que Gethsémani apparaît avec toute la souffrance du monde : *« Abba... Père, tout est possible pour toi. Eloigne de moi cette coupe. Cependant, non pas ce que je veux, mais ce que tu veux ! »*.

Il y a dans la vie du Christ cette atrocité de celui qui est trahi, de celui qui est calomnié, de celui dont on se moque éperdument. On le traite de roi, on lui met un vêtement de pourpre, on le flagelle, on le couronne d'épines, et on dit : voilà le Sauveur. Lorsque le Christ est sur la croix, les chefs des prêtres et les scribes se moquent : *« Il en a sauvé d'autres, et il ne peut se sauver lui-même ! Que le Messie, le roi d'Israël descende de la croix ; alors nous verrons et nous croirons »*. C'est au cœur de la moquerie la plus atroce, la plus abominable, dans l'isolement absolu que le Seigneur apparaît. Et son cri : « *Mon Dieu, mon Dieu, pourquoi m'as-tu abandonné ?* » (Mt 27,46) est un cri qui traduit l'angoisse dans l'abandon, une angoisse parce que son Père le laisse là, avant de triompher dans la résurrection. Le Christ meurt seul, criant sa détresse à son Père, dans la confiance que, Lui, le sauvera, non pas de la façon dont le pensent les scribes et les pharisiens, mais de la façon que le Seigneur a dans sa pensée depuis toute éternité et qui lui vaudra la résurrection. Nous sommes devant ce mystère, ce mystère de celui qui a pris sur lui toutes nos misères. Il y a dans le mystère du Christ l'infinie profondeur du mal mais plus encore l'infini de l'amour.

C'est l'infini de l'amour qui apparaît finalement. Si le Seigneur a accepté de passer par là, de passer jusqu'à l'extrémité de la déréliction, de la mort, c'est pour nous sauver en espérance, c'est pour que nous puissions porter ce monde, c'est pour que nous puissions ne pas désespérer, mais avoir l'espoir le plus fou au cœur du monde, avoir la foi, avoir l'espérance et être des témoins de l'espérance. Le Seigneur ne nie pas le mal. Il s'y enfonce comme personne ne s'y est enfoncé. Il découvre ce qu'est pour nous le péché, ce péché qui, au plus profond de nous-mêmes, nous mord, et fait que nous ne sommes pas des êtres de vérité mais des êtres de mensonge, des êtres qui ne sont pas dans la transparence totale avec Dieu.

Le Seigneur veut nous donner l'espérance et, dans cette fête de la Passion, l'appel que le Seigneur nous lance c'est de croire que tout est en espérance. Après la mort du Christ, en saint Marc, il y a une toute petite phrase qui dit tout ce qui se passe : *« Le rideau du Temple se déchira en deux, depuis le haut jusqu'en bas. Le centurion qui était là en face de Jésus, voyant comme il avait expiré, s'écria : "Vraiment, cet homme était fils de Dieu"* ». Le rideau du Temple qui se déchire veut dire qu'il n'y a plus qu'un seul temple : le corps du Christ. Le Temple du corps du Christ qui fera de nous des disciples et un seul corps en lui, avec tous les païens qui vont entrer dans ce corps qu'est l'Eglise.

Vraiment, cet homme était le Fils de Dieu. Au cœur de la suprême déréliction, il y a l'espérance de la construction du Temple, le construction de l'Eglise. L'Eglise se construit à travers cette atrocité du monde et elle appelle tous les païens à entrer en elle.

Demandons au Seigneur de découvrir dans notre cœur cette espérance, cette espérance que nous bafouons si souvent, cette espérance qui nous atteint tous au plus profond de nous-mêmes. Cette espérance, c'est que nous connaîtrons, comme le Christ, la résurrection. Aujourd'hui où nous proclamons l'entrée du Christ à Jérusalem, où nous proclamons sa royauté, nous pouvons chanter tout ce qu'Il est, splendeur de lumière, splendeur d'amour. Il s'abaisse jusqu'à l'extrémité pour nous faire monter avec lui dans les hauteurs auprès de son Père. Il s'abaisse jusqu'au bout !

Ce récit est une descente dans les profondeurs du mal et de la mort, une descente mais pour que nous remontions avec le Christ, pour constituer l'Eglise, pour appeler tous les hommes à le rencontrer et que tous ensemble, nous soyons vraiment d'autres hommes.

Nous avons à être des hommes nouveaux de la nouveauté du Christ, nouveaux de tout ce qu'est le Seigneur. C'est l'amour ! Je n'ai qu'une chose à vous proclamer aujourd'hui, c'est l'amour du Père. Vous êtes aimés de Dieu. Chacun d'entre vous est aimé au plus intime de lui-même, là où il ne se connaît pas. Le Seigneur vous aime comme personne n'aime. Il est à votre recherche, il vous veut, il a besoin que vous veniez à lui, pour lui, que vous le découvriez pour ce qu'il est vraiment, Amour, Vérité, Joie, Paix, Douceur. Il vous appelle à la plénitude de l'amour. Laissez-vous faire, je vous en supplie, que le Seigneur vous prenne au plus profond de vous-mêmes sans savoir où il vous emmènera. Il vous emmènera au-delà de ce que vous imaginez. Laissez-le faire. Criez votre détresse. Acceptez de découvrir votre misère. Nous sommes tous de pauvres êtres. Demandez au Seigneur qu'il vous rencontre comme seul le Christ peut vous rencontrer. Que vous soyez des êtres d'espérance au milieu d'un monde sans espérance. Soyez les témoins de la vérité de Dieu. Je ne vous souhaite qu'une chose, c'est de connaître l'amour de Dieu, d'en faire l'expérience et de le chanter éperdument. Le Seigneur est grand, il est merveilleux. Il fera des merveilles dans votre vie si vous le voulez. C'est le vivant, le vivant par excellence, celui qui vous aime. Amen !

Jeudi Saint

Exode 12, 1-8,11-15   1 Corinthiens 11, 23-26
Jean 13, 1-15

La vision qui se dégage du texte de saint Jean est absolument extraordinaire car elle nous met devant le mystère de Dieu qui se révèle dans un visage que nous ne connaissons pas. Nous avons l'habitude de percevoir le mystère de Dieu comme quelque chose de tellement transcendant que Dieu ne peut triompher, selon notre idée, que par la force. Or le Jeudi-Saint, le Christ nous révèle que la manifestation de l'amour se fait dans l'humilité et la pauvreté puisque c'est dans le lavement des pieds, symbole même de la croix, que le Seigneur fait don de lui-même.

Au cœur de l'Evangile surgit la certitude extraordinaire qui habite le Christ : « *Jésus, sachant que le Père avait tout remis entre ses mains, qu'il était venu de Dieu et qu'il retournait à Dieu, se lève de table, quitte son vêtement, et prend un linge qu'il se noue à la ceinture* ; *puis, il verse de l'eau dans le bassin, il se met à laver les pieds de ses disciples* ». Ce texte revêt une solennité extraordinaire : le Christ veut vraiment aimer les siens jusqu'au bout et c'est pourquoi il se met aux pieds des autres. Il est le plus petit des petits, le plus humble des humbles et pourtant il se met aux pieds de ses disciples. On comprend l'émoi de Pierre : *« Toi, Seigneur, tu veux me laver les pieds ! »*. C'est vraiment le mystère du lavement des pieds qui est le cœur du royaume, c'est le mystère de cette transparence que nous devons avoir les uns pour les autres et c'est le mystère de la rencontre que nous devons faire les uns les autres dans l'amour de Dieu.

Le Christ nous révèle l'amour de Dieu qui se manifeste dans cet abaissement suprême. Le Christ est descendu jusqu'au plus bas où l'on puisse descendre. Il est descendu dans les profondeurs des enfers pour nous en retirer et pour nous faire participer à sa résurrection. *« Sachant qu'il était venu de Dieu et qu'il retournait à Dieu...* » Le visage du Christ est un visage d'esclave. C'est l'attitude que prend le Christ pour se mettre à la disposition de son maître : c'est cela l'amour. Le Christ se met au-dessous de nous tous, il nous aime comme nous sommes, il veut nous tirer de notre malheur pour nous faire entrer dans sa paix.

« Tu ne me laveras pas les pieds ; non, jamais ! ». Demandons au Seigneur de nous purifier pour que nous puissions suivre son exemple. Demandons-lui de découvrir le mystère de l'amour qui est le mystère de Dieu dans la Trinité des personnes, qui est le mystère de cette communion intime qu'il y a entre le Père et le Fils, et qui fait que le Christ nous aime jusqu'au bout, jusqu'au delà de toutes les limites possibles. Le Seigneur est le Seigneur, le Seigneur triomphe de tout, mais de plus il entre dans cet épouvantable mystère du mal à cause du péché. Il nous faut découvrir l'amour de Dieu en découvrant la profondeur de notre péché. Savons-nous que le mal tient à notre peau, qu'il colle à nous et nous empêche de rencontrer le Seigneur ? Nous avons besoin de rencontrer le Seigneur. Et le Jeudi-Saint c'est l'heure de la rencontre avec le Seigneur dans son mystère le plus intime qui soit.

S'abaisser, c'est monter dans l'amour de Dieu, s'abaisser, c'est découvrir que Dieu est pur abaissement, pure vérité. Il est le Seigneur et le Maître mais il est aussi celui qui s'abaisse au plus profond de notre misère pour la prendre sur lui. Ce que nous fêtons en ces jours saints, c'est la main-mise du Seigneur sur nous. Il vient nous arracher au péché pour nous livrer à son Père. Le Seigneur est délivrance infinie, délivrance merveilleuse. Pour reconnaître le visage de Dieu, nous n'avons que le visage du Christ. C'est lui seul qui peut nous faire comprendre la plénitude de l'amour.

Nous devons aimer nos frères comme le Christ nous aime. *« C'est un exemple que je vous ai donné afin que vous fassiez vous aussi comme j'ai fait pour vous. »* Descendre, devenir petit, se laisser faire dans l'amour. Le mystère de celui qui s'abaisse nous apprend à aimer au milieu d'un monde atroce. Oui, il est vrai, nous avons besoin d'être des hommes pleins de courage et de vérité, pleins de cet exemple que le Christ nous donne. Il nous aima jusqu'au bout, jusqu'au bout de l'amour et il n'y a pas de bout à l'amour. Jusqu'au bout de l'amour, c'est-à-dire à l'infini du mystère de Dieu dont la mesure est infinie. Il y a un infini de l'amour qui doit nous prendre tout entiers, un infini de l'amour qui est la seule richesse du monde. Rien ne compte que l'amour.

Nous serons jugés sur l'amour : c'est la seule richesse que nous aurons dans les mains au jour du jugement. Nous n'avons pas autre chose. Tout le reste est sans valeur, tout le reste est insignifiant. Il faut que nous découvrions à quel point l'amour est paradoxal, à quel point l'amour du Seigneur se livre pour nous jusqu'au bout en se donnant dans l'Eucharistie.

Dans l'Eucharistie, le Christ se donne tout entier à chacun d'entre nous, il se livre à nous tout entier. Il donne sa vie, il communique sa vie pour que nous entrions dans le même mystère. L'Eucharistie, c'est l'emprise du Seigneur sur nous. Son emprise nous transfigure, nous transforme et fait de nous des êtres libres, des êtres nouveaux et pleins d'amour. Demandons au Seigneur, du fond du cœur, ce que c'est qu'aimer en acte et en vérité à l'imitation du Christ. Aimer comme le Christ a aimé. Nous sommes appelés à aimer comme personne n'a aimé, dans le Christ, aimer de l'amour même du Christ. Aimer de cet amour infini qui est aussi infini que Dieu est infini. Nous avons à être des enfants, des enfants du Père qui se laissent livrer totalement à son amour. Laissez-vous faire. Le Seigneur vous ouvre sa porte, il frappe à la vôtre, ouvrez-lui.

Demandez et il vous donnera. Le Seigneur n'est que don, il n'est que plénitude de don et la Passion, c'est le don par excellence. Il n'y a pas d'autre don. Le monde est créé sur ce don total, ce don infini qui existe depuis toujours, de toute éternité entre le Père et le Fils. C'est là que nous sommes nés, c'est là que nous sommes vrais, c'est là que nous sommes déjà transformés dans l'amour. Le Seigneur nous connaît tels que nous serons dans la gloire. Nous devons lui demander de connaître ce visage qui sera le nôtre, notre vrai visage.

Découvrons ensemble que notre visage nous est donné dans l'Eucharistie, le nôtre et celui de nos frères. Tout nous est donné dans l'Eucharistie. Nous sommes tous dans l'Eucharistie un seul corps, un seul esprit et nous sommes livrés à l'amour.

Le Seigneur est le Maître et le serviteur n'est pas plus grand que le maître. Nous connaîtrons le même mystère que lui. Nous passerons par les mêmes voies, la voie de la croix et de la résurrection mais nous pouvons déjà être sûrs qu'elles sont inscrites dans nos vies.

Que le Seigneur nous appelle à nous livrer comme jamais nous nous sommes livrés. Je vous appelle à renouveler votre amour pour le Christ, à renouveler ce que vous êtes, à être des hommes recréés par l'amour de Dieu. Laissez le Seigneur chanter en vous son cantique d'action de grâce et demandez-lui qu'il vous prenne et vous mène là où vous ne voulez pas aller. Il faut le demander comme Pierre, comme Jean. Demandons au Seigneur cette grâce de l'humilité, de cette pauvreté, de cette douceur, de cette compréhension, de cette bénignité, de cet amour. Que l'amour de notre Seigneur Jésus-Christ soit dans votre cœur et qu'il vous emporte en lui à jamais. Amen !

Vendredi Saint

Isaïe 52, 13 – 53,12 Hébreux 4, 14-16 – 5, 7-9
Jea n 18, 1 – 19, 42

Nous venons d'entendre le récit de la Passion selon saint Jean et vous avez remarqué, je pense, le ton personnel de cette relation. « *Je suis né, je suis venu dans le monde pour ceci : rendre témoignage à la vérité.* » Le Christ n'est pas venu pour autre chose : annoncer la vérité qui est son Père. Cela constitue le mystère du Christ. Qu'est-ce à dire ? Le Christ est venu rendre témoignage à l'amour de son Père, il est venu dire que son Père aime l'humanité à l'infini et la laisse pourtant aux mains des pécheurs qui vont le mettre à mort. La vérité, c'est la vérité du Père qui nous aime au point de livrer son Fils à la mort pour qu'il nous donne la vie en plénitude. Il est indispensable d'écouter ce témoignage qui est toute notre vie. Nous sommes appelés nous aussi à témoigner. Mais bien souvent ce mot de témoignage n'a plus aucun sens pour nous. Les chrétiens emploient ce mot sans mesurer que le témoignage mène à la mort, mène au martyre, mène à la croix. Ce témoignage dans sa profondeur est l'attestation de Dieu dans le cœur d'une vie humaine, d'abord dans le cœur du Christ puis dans le cœur de chacun d'entre nous.

Le témoignage de Dieu s'inscrit au plus profond de notre être là où le Saint-Esprit témoigne à notre esprit que nous sommes enfants de Dieu. Le texte de saint Jean nous plonge dans un mystère d'amour et de liberté. Le Christ se laisse arrêter librement. Jésus dit aux gardes « *C'est moi* » et ils tombent à la renverse. Le texte veut signifier de façon très formelle que le Christ est vraiment Dieu. Il est vraiment transparence au mystère de Dieu. Il est cette transparence à une profondeur ineffable et il témoigne de ce qu'il est. Il témoigne de ce qu'il est en ayant, particulièrement dans le dialogue avec Pilate, une remarquable dignité. Le Christ ne biaise pas. « *Ma royauté ne vient pas de ce monde ; si ma royauté venait de ce monde, j'aurais des gardes qui se seraient battus pour que je ne sois pas livré aux Juifs.* » Son royaume, c'est la vie céleste, c'est la vie dans la profondeur de Dieu, dans la profondeur du secret de Dieu et le Christ n'est que regard vers son Père, regard d'amour vers son Père répondant à l'amour du Père pour lui.

Nous avons à être, nous aussi, des témoins de la vérité, ce qui signifie que nous avons à nous laisser prendre par cette vérité. Bien sûr, nous nous demandons quelquefois : « Qu'est-ce que la vérité ? ». Pilate, lui, répond sceptiquement en homme du monde. Il ne connaît pas le mystère de la réalité profonde du monde, il ne connaît pas ce qu'est le cœur du monde et c'est cela le drame. Le Christ ne répond pas à l'interrogation de Pilate. Cela signifie que ce sont les hommes eux-mêmes qui ferment la porte à l'amour. Le Vendredi-Saint a quelque chose à nous rappeler : c'est nous qui fermons ou ouvrons la porte de l'amour qui est la porte du bonheur, la porte de la vie, la porte de la joie.

Nous sommes engagés dans ce témoignage suprême. Si le Christ a rendu son beau témoignage devant Ponce-Pilate, c'est pour nous appeler à entrer dans son témoignage. Témoigner de la vérité de Dieu. Avons-nous le courage de témoigner de la vérité de Dieu ? Avons-nous le courage d'être des hommes qui n'aient pas peur de dire qui ils sont et qui n'ont d'autre existence que celle du Christ ? Avons-nous le courage de dire que tout nous est donné par le Christ ? Sommes-nous prêts à donner notre vie pour le Christ ? Il faut regarder la réalité en face. Un Vendredi-Saint est un appel à regarder l'amour qui triomphe en se laissant mettre à mort. L'amour triomphe. Il n'y a pas de triomphe comparable à celui du Christ. C'est le triomphe par excellence. Il se remet entre les mains de son Père, il se livre tout entier au Père pour nous donner la vérité, pour nous donner l'amour. Votre cœur se dilate-t-il lorsqu'on parle du Christ ? Votre cœur prend-il toutes ses dimensions quand il regarde le Christ ? Laissez-vous le Christ vous dévoiler ce que vous êtes au plus profond de votre cœur ? Aimez-vous le Christ ? L'aimez-vous jusqu'à donner votre vie pour lui ? Etes-vous décidés à jouer votre vie sur le Christ ? A la jouer jusqu'au bout, dans la profondeur de l'amour ? Etes-vous décidés à passer par là où le Christ voudra dans la vérité et la simplicité de Dieu qui manifeste sa tendresse ? Dieu est-il pour vous d'une tendresse infinie, d'une tendresse au-delà de toute tendresse ? Le connaissez-vous comme celui qui est l'amour, qui est la vérité, c'est-à-dire notre sauveur qui nous sauve du mensonge ? Vous savez à quelle profondeur le mensonge habite le monde ! Nous commençons, en cette fin du vingtième siècle, à connaître la profondeur du mensonge, la profondeur systématique, organisée, organique du mal et du mensonge structuralement pensés. C'est pourquoi les chrétiens ont à renouveler de l'intérieur leur foi pour être des témoins, des témoins pleins de tendresse pour leurs frères, pleins de cette compassion, de cette compréhension, de cet amour que seul le Seigneur peut donner. Laissez le Seigneur vous prendre. Laissez le Seigneur jouer avec votre vie. Il joue le jeu le plus extraordinaire qui soit : celui de nous faire passer par le chemin qui est le meilleur pour nous afin que nous le rencontrions et que nous soyons béatifiés dans cette rencontre. Il joue tout son mystère en nous.

Il faut que nous aimions nos frères, mais aimer nos frères, ce n'est pas les rencontrer épidermiquement ; c'est les rencontrer au plus profond de notre cœur dans l'amour de Dieu.

En ce Vendredi-Saint, je voudrais que la splendeur de Dieu habite en vous. Qu'il vous arrache à tout ce qui n'est pas lui, à tout ce qui n'est pas cette tendresse infinie du Père. Ce n'est pas un jour triste, c'est un jour de joie, c'est un jour qui clame au monde que Dieu est là et que nous sommes aimés. Les jours saints sont une porte ouverte sur la vie. C'est la croix s'ouvrant dans la lumière, c'est la croix s'ouvrant dans la splendeur de Dieu, dans sa gloire.

Demandons au Seigneur de nous laisser prendre par son amour, de découvrir peu à peu ce qu'est l'amour. « L'amour n'est pas aimé » dit saint François d'Assise. Je voudrais que vous ayez cette soif d'aimer, cette soif qui vous crucifie, cette soif qui vous béatifie. Dieu est là. Dieu est dans nos cœurs et nous pouvons le rencontrer. Dieu peut nous trouver et nous donner tout ce que nous espérons. Il nous donnera tout. Il est la plénitude de l'Amour. Laissez la plénitude de l'amour vous sauver car vous le savez bien, nous avons tous besoin d'être sauvés. Que ce sauvetage se fasse dans les meilleures conditions, que nous soyons les témoins de la vérité du Père, c'est-à-dire de cet amour auquel rien n'est comparable. L'amour du Dieu vivant qui nous mène à la vie nous appelle à l'aimer. Amen !

Vigile Pascale

Exode 14, 15-15,1 Romains 6, 3-11 Marc 16, 1-8

Christ est ressuscité, alleluia ! C'est vrai, nous le proclamons, le Christ est ressuscité. Oui, le Christ est ressuscité des morts et il nous entraîne dans sa propre vie. Mesurons-nous bien ce que nous disons en affirmant que le Christ est ressuscité ? Y croyons-nous ? Croyons-nous pour de vrai que le Christ est le Vivant, le Vivant par excellence, le Vivant de la même vie de Dieu et qu'il nous entraîne dans sa vie ? Croyons-nous à la résurrection du Christ, à cet événement le plus prodigieux qui ait eu lieu sur notre terre, à l'événement le plus étonnant, à l'événement qui l'emporte sur tous les autres, qui est le cœur du monde, qui est le centre du monde ? Le Christ est mort, c'est un fait historique. Mais le Christ est ressuscité et, là, nous sommes placés devant la réalité de notre foi, de notre amour.

Le Christ est ressuscité. Mais alors, pourquoi dans ce monde existe-t-il toutes ces peurs, toutes ces haines, toutes ces souffrances, toutes ces maladies, pourquoi le mal ? Pourquoi, depuis la résurrection du Christ, rien n'a apparemment changé ? Alors, croyons-nous à cette résurrection ? Croyons-nous que le Christ est venu nous donner le seul don qui compte, le seul don qui soit vraiment à la mesure de ce qu'Il est et qui est le Saint-Esprit ?

Le Christ est venu nous donner l'Esprit qui est Vie. Et si le Christ est mort, c'est pour nous donner l'Esprit afin que nous vivions de la même vie que lui, de cette Vie par excellence, la Vie dans l'Amour, la Vie dans la charité. Notre vie c'est le Christ, notre vie c'est l'Esprit. C'est la même réalité fondamentale qui nous enveloppe. Nous sommes pris dans ce torrent d'amour qui jaillit du cœur de Dieu et qui entre dans le monde pour le transfigurer et le transformer. Le Christ est ressuscité. Dans son corps, il est auprès de Dieu, il est vivant, et nous affirmons en même temps que nous sommes des vivants. La résurrection est à l'œuvre en nos vies. Celui qui a ressuscité Jésus-Christ d'entre les morts est à l'œuvre pour nous ressusciter. Croyons-nous à cette vérité ? Sommes-nous capables de la proclamer au monde, de la dire les yeux dans les yeux de n'importe quel incroyant ? Sommes-nous capables de dire aux hommes d'aujourd'hui que le Christ est ressuscité, que nous sommes ressuscités, que nous faisons partie de ce mystère inouï de la résurrection ?

Nous ressusciterons et chaque fois que nous communions au corps et au sang du Christ, nous communions à cette résurrection. Si nous sommes baptisés, nous sommes baptisés dans la mort et la résurrection du Christ. Il est le vainqueur, le vainqueur de la mort. Nous fêtons aujourd'hui le vainqueur de la mort. Mais alors que se passe-t-il dans nos vies ? Sont-elles transformées ? Je pense que tout est transformé, tout, absolument tout. Rien n'a plus le même sens. Tout est changé.

Désormais la réalité la plus fondamentale du monde est là : Dieu est au cœur de nos vies. Et Dieu nous appelle à vivre de la même vie que lui. Nous sommes appelés à ne plus mourir ; le Christ l'a dit ! Nous ne mourrons pas. C'est peut-être un paradoxe mais c'est la vérité de notre être. Nous ne mourrons pas parce que le Christ nous donne sa vie : *« Si quelqu'un a soif qu'il vienne à moi et qu'il boive celui qui croit en moi »* (Jn 7,38. 39). Nous passerons par la mort mais ce passage est dans la vie.

Aujourd'hui, j'ai à vous proclamer ce passage de la vie dans la vie. Nous ne passons que de la vie à la Vie qui est la plus parfaite qui soit. Engagés dans le mystère du Christ, nous sommes là où est le Christ. Nous sommes enfouis dans le Christ. Nous sommes enfouis en lui ; cette vie est étonnante parce qu'elle nous dégage de toutes nos misères, de toutes nos faiblesses, de toutes nos lâchetés.

Elle nous appelle à vivre de la vie de l'Esprit. C'est une vie de vérité, d'amour, de simplicité, de joie, de paix. Dieu est Dieu. Sa façon de nous manifester qu'il est Dieu, c'est de nous donner son Esprit, c'est de nous en faire vivre. Nous devons affirmer dans le monde le mystère du Christ qui s'est livré pour nous.

Croyons-nous que sans le Christ, le monde n'existerait pas, qu'il ne serait rien car nous n'aurions pas la révélation qu'il y a au cœur du mystère de Dieu, un mystère infini d'amour du Père et du Fils ? Ce qu'il y a d'inouï en Dieu, ce qu'il y a de plus fondamental en Dieu, de plus intime en Dieu éclate dans la résurrection du Christ et rend les hommes témoins de sa résurrection. « *Il est ressuscité ! Il n'est pas ici.* » Nous n'avons plus à chercher le Christ ici-bas. Il est auprès de son Père et il nous y entraîne. « *Je veux que là où je suis, eux aussi soient avec moi.* » (Jn 17,24) Nous sommes avec le Christ. Nous avons besoin de lui. Nous avons besoin de le chanter et de le répéter comme des hommes qui paraissaient enivrés au jour de la Pentecôte. Nous avons besoin de le dire parce que c'est l'amour qui le dit et que l'amour peut tout : l'amour peut triompher de la mort. Nous ne célébrons pas un souvenir aujourd'hui mais la réalité de la vie. Cette réalité enveloppe le monde, nous chahute ; elle nous prendra jusqu'aux entrailles et nous brisera si c'est nécessaire. L'amour de Dieu est fou. L'amour de Dieu est folie. L'amour de Dieu n'est là que pour être à la chasse des êtres et les faire passer en lui. Il n'est que cela, il est torrent d'amour et rien ne peut empêcher sa route, sinon notre égoïsme. Mais nous pouvons demander au Seigneur de le briser ; il le brisera avec ses peurs, avec ses craintes, et il nous obtiendra l'oubli de nous-mêmes. Comme un torrent il emporte tout. C'est le torrent de la vie. Il est ressuscité, il n'est plus ici.

Désormais, il y a dans le monde des témoins de la vie du Christ, des témoins de Dieu, des témoins de l'amour.

Demandons au Seigneur de témoigner dans notre vie de Jésus-Christ en étant pris par le plus profond de nous-mêmes. Il faut qu'il y ait un cœur à cœur entre Dieu et nous, entre Dieu et chaque homme. Je souhaite à chacun d'entre vous de rencontrer le Christ vivant, vivant de cette vie, la vie même de Dieu. Il vous appelle à l'amour, il vous appelle à la croix, il vous appelle à la vérité. Nous sommes trop souvent comme les saintes femmes qui s'enfuirent du tombeau «*parce qu'elles étaient toute tremblantes et hors d'elles-mêmes. Elles ne dirent rien à personne parce qu'elles avaient peur*». C'est quelque chose de tellement prodigieux, de tellement inimaginable, cela ne relève pas des contes de bonnes femmes, c'est la réalité de la vie, c'est la réalité du monde, c'est la réalité de l'amour. Dieu s'empare de l'humanité, il nous propose son amour, il nous l'a proposé sur la croix, il le donne dans la résurrection. Le Christ est ressuscité ! Il faut être décidé à témoigner devant tout homme que vous connaissez : Jésus-Christ est Seigneur, Jésus-Christ est le Vivant. Il faut que vous témoigniez, croyez-moi, c'est nécessaire, il en va de notre vie. Nous n'avons pas à hésiter. Le Seigneur nous habite. Il est venu habiter parmi nous. «*Si quelqu'un m'aime, moi et mon Père nous viendrons à lui et nous établirons en lui notre demeure.*» (Jn 14,23) Laissez-vous prendre dans l'amour. Laissez-vous transformer par cet amour. Demandez au Seigneur de vous prendre par les moyens qu'il lui plaira. Vous verrez que l'amour peut tout. Je vous le promets. Aussi sûr que je suis ici, je vous le promets, l'amour peut tout. Laissez-le faire. Laissez-le vous prendre. Et vous serez étonnés de ce qu'il fera. Oh ! Il ne crie pas sur les toits. Il parle dans le secret. Mais cela se voit sur les visages d'hommes, cela se voit sur les visages des apôtres, sur les visages des disciples. Demandons ensemble que cela se voie sur les visages, que nous soyons des témoins émerveillés jusqu'au profond d'eux-mêmes par ce que fait le Seigneur. Il est le Seigneur, il est ressuscité, ô ma joie ! Amen !

Dimanches de Pâques

Actes des apôtres 10,34. 37-43   Colossiens 3, 1-4
Jean 20, 1-9

J'ai à vous délivrer un message de joie et de paix : l'espérance ne trompe pas. L'espérance ne trompe pas. Elle nous est donnée par le Ressuscité. Vous avez vu Pierre et Jean courant au tombeau à l'appel de Marie-Madeleine. Ils découvrent le tombeau vide. Pierre rentre le premier dans le tombeau puis Jean. Celui-ci voit le linceul resté là et le linge qui avait recouvert la tête. « *Il vit et il crut.* » Jean, d'un seul éclair, a compris que toutes les Ecritures s'expliquaient par la résurrection du Christ. Toute l'Ecriture prend sens. Tout prend sens dans la résurrection du Christ. Le monde entier prend sens. Tout, absolument tout, tout prend sens dans le mystère du Seigneur.

C'est lui qui a construit le monde, c'est lui qui a dirigé toute l'histoire d'Israël, c'est lui qui dirige l'histoire de l'Eglise. C'est lui qui dirige nos vies. Nous avons à découvrir l'espérance qui est en nous. Le Seigneur est le Dieu de l'espérance. Et dans un monde sans Dieu, donc sans espérance, nous devons être des témoins inouïs de la grâce de Dieu, des êtres dans lesquels doit apparaître et transparaître la gloire de Dieu.

Aimer Dieu et se laisser faire par lui : voilà ce qui fait des témoins. Je vous crierai que je suis heureux, que je suis pleinement heureux de ce que le Christ est ressuscité, de ce qu'il est auprès de son Père, de ce que nous sommes avec lui. Il faut que cette joie soit là et qu'elle pénètre nos vies. Il faut que cette joie soit au cœur de nos vies, il faut qu'elle chante par-delà la souffrance, par-delà la douleur, par-delà les guerres. Au plus profond de tout, il y a la croix et sa résurrection, sa résurrection ineffable qui nous prend tout entiers Nous sommes ressuscités avec le Christ. Croyez-vous que vous êtes ressuscités pour de bon avec le Christ ? Croyez-vous que la vie du Ressuscité est à l'œuvre dans vos vies ? Croyez-vous que la plénitude de la vie se joue au plus profond de votre être ? Croyez-vous à l'amour de Dieu ? Croyez-vous à son amour qui triomphe de tous les obstacles qui est l'espérance même ? L'amour est espérance. Il est don, il est vérité.

Je voudrais que vous soyez tous, chacun à votre place, des témoins fidèles de ce que Dieu est, des témoins fidèles du mystère de Dieu. Dieu est Dieu et il fait des choses extraordinaires. Oh ! sans doute nous n'aurions pas imaginé les chemins qu'il a pris. Oui, mais c'est comme cela que le monde a été fait. Au cœur de la souffrance, au cœur de l'agonie du monde, au cœur de ce gémissement du monde en travail d'enfantement comme le dit saint Paul aux Romains, au cœur de ce monde brisé, broyé, emporté par le mal, c'est là que naît l'espérance. L'espérance germe au cœur du mystère du mal, elle germe comme jamais rien n'a germé parce que c'est l'espérance de Dieu. Ecoutez cette espérance qui est le sens du monde. L'espérance est vie, l'espérance est amour, l'espérance est joie, l'espérance nous prend jusqu'au plus profond de l'être et nous appelle à entrer dans la vie. Le Seigneur veut qu'un jour nous soyons là où il est. Percevez-vous l'immensité de ce que dit Paul : *« Vous êtes morts avec le Christ, et votre vie reste cachée avec lui en Dieu. Quand paraîtra le Christ votre vie, alors vous aussi, vous paraîtrez avec lui en pleine gloire »*. Vous êtes cachés en Dieu c'est-à-dire le mystère de Dieu et de son amour habite le plus profond de votre être. Parler d'amour peut être le fait d'un innocent ou de quelqu'un qui ne se rend pas compte de ce qu'il dit. Pourtant, je vous l'assure, c'est la réalité de ce monde. La réalité de ce monde, ce ne sont pas les apparences, ce ne sont pas les régimes, ce ne sont pas les empires, tout cela disparaît. Une chose demeure, l'espérance du Christ.

On a dit tant de fois que l'Eglise était mourante, qu'elle disparaîtrait bientôt et chaque fois, elle a reparu plus belle que jamais. C'est dans l'espérance de la puissance invincible de Dieu que nous devons vivre. Je crois à l'espérance, c'est mon être qui vous crie cette espérance. C'est mon être qui vous crie ce mystère d'amour qu'il y a entre Dieu et nous. Nous devons nous laisser emporter par ce mystère d'amour. Les apparences sont peut-être contre nous mais qui est contre Dieu ? Et si Dieu est là, tout est prêt pour qu'il nous ouvre les portes, que nous entrions avec lui pour souper avec lui.

Nous sommes des êtres nouveaux à l'image du Christ. Je voudrais que la joie que Dieu a eue de donner son Fils au monde soit la nôtre. Cette joie est à nous, elle nous est personnelle, elle rejoint chacun d'entre nous au plus profond de notre être, elle nous prend, elle nous bouleverse et, comme je le dis souvent, elle peut bouleverser votre être jusqu'au tréfonds de vous-mêmes. Elle peut tout prendre en vous. Je vous le demande, je vous en supplie, laissez-vous prendre, ne serait-ce qu'un instant, vous ne vous en repentirez pas, vous n'avez pas besoin d'avoir peur, vous n'aurez pas besoin de voir Dieu comme un bourreau. Dieu est amour, Dieu est vérité, Dieu est tendresse et pitié. La tendresse de Dieu se penche sur chacun d'entre nous comme jamais aucune mère ne s'est penchée sur notre berceau. Dieu est penché sur nous pour que lève en nous notre visage, pour que nous nous découvrions nous-mêmes. Nous avons tant de mal à nous découvrir, à nous découvrir les uns les autres. Il faut que nous nous reconnaissions. L'espérance consiste à reconnaître l'autre, à l'accueillir, et pour cela à nous unir au plus profond de nous-mêmes au mystère de Dieu. Laissez l'amour vivre et chanter en vous. L'amour est fait pour être chanté ; l'espérance est là et elle nous sauve.

Nous avons le témoignage des apôtres mais plus encore nous avons en nous le témoignage de l'Esprit d'amour que le Père a avec son Fils. Nous sommes au cœur du mystère trinitaire : je voudrais que vous mesuriez que tout est dans ce mystère qui est Dieu de toute éternité. Nous sommes tous appelés à connaître Dieu avec cette plénitude et cette force qu'il est lui-même. Il veut que nous l'aimions de l'amour même dont il nous aime. Laissez-vous prendre par son regard parce qu'il est vérité. Ce n'est pas nous qui construisons nos vies ou si nous les construisons, Dieu les détruira. Nous avons tous une petite statue en nous que nous voulons garder jalousement parce qu'elle est à notre image. Le Seigneur la brisera. Le Seigneur veut que nous nous livrions, que nous nous donnions pour de vrai. C'est cela l'espérance ; elle ne trompe pas. N'ayez pas peur. L'espérance est au cœur de votre vie si vous lui ouvrez la porte. Même si nous sentons notre monde si malade et si notre cœur à tous est si lamentable, nous pouvons savoir qu'il y a au cœur du monde la réalité la plus fantastique qui soit, la réalité la plus extraordinaire qui soit, le Christ ressuscité et le Père nous donnant son Fils. Je voudrais que vous aimiez pour être heureux. Oui, je vous promets le bonheur comme le Christ l'a promis : bienheureux ceux qui pleurent, bienheureux ceux qui souffrent, bienheureux ceux qui font la paix, bienheureux !

Un jour de Pâques, il faut prêcher les béatitudes parce que c'est la vérité de nos vies. La béatitude. Aimer comme Dieu aime. Nous laisser choisir et prendre par Dieu. Aimez-vous Dieu ? Etes-vous prêts à faire ce qu'il vous demande au plus secret de votre cœur ? Ou bien cherchez-vous à garder quelque chose pour vous ? N'ayez pas de problème. Si vous ne donnez pas tout à Dieu, Dieu vous arrachera tout. Dieu arrache pour sauver. Je crois qu'il est plus simple de se laisser faire, de dire oui à Dieu. Dieu vous appelle. Par ma parole qui est la Parole de Dieu, le mystère du Seigneur vous met en cause. Il faut que vous vous donniez. Je n'aurai de cesse que je n'aie provoqué en vous ce retournement de tout l'être qui chantera votre amour, qui chantera cette résurrection du Christ. Il est auprès du Père. Il est désormais vivant, éternellement vivant. Et nous sommes des vivants. Laissons la vie éclater dans notre cœur. Laissons la vie se déployer avec sa toute-puissance. Croyez-vous à la vie de Dieu en vous ? N'ayez pas peur d'elle. Soyez dans la joie. Soyez dans la paix.

Je suis heureux du mystère de Dieu. Je suis heureux de ce que Dieu existe. Je suis heureux de ce que Dieu a fait. Je suis heureux de tout, de tout ce qu'il est. Ensemble chantons ce mystère de présence d'amour qui est au cœur de nos vies, chantons cette espérance qui traverse le monde, ce monde si atroce, si plein de haine. Ayons le courage d'être une assemblée qui proclame l'amour, pas seulement au cours de cette messe, mais dans tous les actes de notre vie, ayons le courage de nous engager profondément, jusqu'au bout.

Demandons les uns pour les autres cette fidélité qui triomphe de tout, qui est l'amour même, qui est Dieu. Que cette fête de Pâques soit vraiment la fête du passage, que vous passiez à Dieu et que vous changiez du plus profond de vous-mêmes parce que la Parole de Dieu vous aura touchés au cœur et que vous n'oublierez jamais ce qu'il vous dit aujourd'hui au plus secret de votre cœur. La croix du Christ est toute puissante, l'espérance de la résurrection est toute puissante. Elle a déjà triomphé dans certains de vos cœurs, elle triomphera dans d'autres. C'est notre espérance. Amen !

Deuxième dimanche de Pâques

Actes des apôtres 4, 32-35   1 Jean 5, 1-6   Jean 20, 19-31

« *Ces faits ont été mis par écrit, nous dit saint Jean, afin que vous croyiez que Jésus est le Messie, le Fils de Dieu, et que, par votre foi, vous ayez la vie en son nom.* » Les chemins pour rejoindre le Seigneur sont différents. Il suffit de penser au cheminement de Pierre, de Jean, de Thomas et de tant d'autres. Thomas est celui qui, dans la montée à Jérusalem, dit aux disciples à propos de Jésus : « *Allons, nous aussi, pour mourir avec lui* » (Jn 11, 16). Cette proclamation de la foi n'a pas tenu devant la Passion et la Résurrection. Lorsque le Christ apparaît aux Onze alors que Thomas n'est pas là, Thomas doute, Thomas ne croit pas. Il a cette formule très forte : « *Si je ne vois pas dans ses mains la marque des clous, si je ne mets pas mon doigt à l'endroit des clous, si je ne mets la main dans son côté, non, je n'y croirai pas* ». Il y a un doute chez Thomas. Thomas veut en avoir le cœur net, c'est un tempérament certainement très précis, très pragmatique et il veut en avoir des preuves. Le Seigneur accepte ce chemin. Il n'y a pas dans l'attitude du Seigneur à l'égard de Thomas de vrais reproches. Il lui dit : « *Avance ton doigt ici, et vois mes mains ; avance ta main, et mets-la dans mon côté : ne sois pas incrédule mais croyant* ». Ce que le Seigneur veut, c'est que Thomas découvre son propre mystère dans le dessein de Dieu, dans l'attitude du Seigneur à son égard. Thomas lui dit : « *Mon Seigneur et mon Dieu* ».

Cesse d'être incrédule mais croyant. C'est l'attitude de fond que le Seigneur demande. Etre croyant, c'est découvrir que dans cet homme Jésus-Christ, le mystère de Dieu se dévoile et que nous pouvons dire avec Thomas : « *Mon Seigneur et mon Dieu* ». Jésus souligne que le privilège qu'a eu Thomas ne sera pas donné à tous : « *Parce que tu m'as vu, tu crois, heureux ceux qui croient sans avoir vu* ». Nous devons nous confier à la parole apostolique c'est-à-dire à ceux qui ont été les témoins. Nous avons à écouter ces témoins du plus profond de nous mêmes pour recevoir la grâce de la foi. La foi est ce mystère d'adhésion à la grandeur du Seigneur à qui nous pouvons dire : « *Mon Seigneur et mon Dieu* ». Percevez-vous ce qu'il y a d'extraordinaire dans cette parole de Thomas ? De l'attitude d'incompréhension, le voilà qui découvre le mystère de son Seigneur, le cœur de son Seigneur, ce qui provoque en lui l'adoration la plus totale : « *Mon Seigneur et mon Dieu* ». Il se donne à son Seigneur auquel il ne croyait plus depuis sa mort et attend désormais de le découvrir dans sa résurrection. Ce qui fait le croyant, c'est cet engagement dans le mystère de Dieu.

Saint Jean nous dit : « *Tout homme qui croit que Jésus est le Christ, celui-là est vraiment né de Dieu* ». Il s'agit pour nous de naître de Dieu. Croire, c'est naître de Dieu. Croire, c'est aimer comme Dieu aime. Croire, c'est se laisser porter par l'amour du Père. Dans la racine hébraïque d'*Amen*, il y a l'idée d'appui. Avoir la foi, c'est faire porter tout son poids sur Dieu. Un enfant se laisse porter par son Père et nous, nous avons Dieu qui accepte de nous porter parce qu'il est notre Père. Saint Jean nous dit encore : « *Tout homme qui aime le Père aime aussi celui qui est né de Dieu* ». La foi demande un engagement total de tout l'être, alors l'amour naît en nous. « *Nous reconnaissons que nous aimons les enfants de Dieu lorsque nous aimons Dieu et que nous accomplissons ses commandements.* » En suivant ainsi le Seigneur nous sommes les grands vainqueurs du monde dont nous parle saint Jean et il n'y a plus d'obstacle à l'amour fraternel. Nous enveloppons tous nos frères croyants ou incroyants de notre amour né de Dieu qui transforme le monde. Cela nous donne une vision toute différente de l'existence. Ce qui nous fait triompher du monde, c'est-à-dire de nos tendances mauvaises, c'est notre foi. Celui qui croit en Jésus-Christ triomphe du monde.

Nous avons à nous laisser prendre par cette foi qui crée la communauté comme nous le dit le livre des Actes des apôtres : « *La multitude de ceux qui avaient adhéré à la foi avait un seul cœur et une seule âme* ». Avoir tout en commun, c'est l'idéal qui jaillit du témoignage apostolique et de la résurrection du Christ donc c'est l'idéal de la communauté chrétienne. La puissance de la grâce est sur cette communauté. Nous sommes ainsi devant le mystère de recréation du monde. Le Seigneur dit à ses apôtres : « *Comme le Père m'a envoyé, moi aussi je vous envoie. Ayant dit cela, il souffla sur eux et leur dit : recevez l'Esprit-Saint* » (Jn 20, 21-22). C'est le souffle de Yahvé sur le chaos du monde, c'est une recréation. C'est la reprise dans le mystère du Christ du souffle de Yahvé. Le Seigneur leur donne l'Esprit-Saint, il les fait naître à l'amour et essentiellement à l'Esprit.

Que souhaiter de plus que croire à l'Esprit qui habite en nous, qui nous appelle à triompher du monde, à triompher de tous nos penchants mauvais et à regarder les commandements du Seigneur, non pas comme un fardeau, mais comme une lumière qui rend notre route plus aisée ? Le Seigneur est là au milieu de nous, il est spontanément au milieu de nous et l'Eucharistie est la continuation de ce que nous venons de découvrir du Christ et de ses apôtres. Au moment de la consécration, par le pouvoir du sacerdoce, le Seigneur sera là au milieu de nous et il nous dira : « *La paix soit avec vous* ». Le Seigneur nous entraîne dans sa propre demeure. Il faut que nous nous laissions davantage faire pour découvrir ce qu'est véritablement la foi, la foi qui est confiance dans ce que Dieu décide de toute éternité, la foi qui est confiance dans ce que le Seigneur a fait tout au long de sa vie, confiance dans sa résurrection qui est le nœud de tout, qui reconstruit le monde. Le monde est construit dans la mort et la résurrection du

Christ qui nous parviennent dans le témoignage apostolique. Nous devons recevoir l'Esprit-Saint pour croire que Jésus-Christ est le Fils de Dieu. Il n'y a pas de joie si ce n'est dans cette plénitude de don que le Seigneur fait. La joie vient de Dieu, la joie vient du mystère du Père et du Fils, nous sommes pris dans cet amour ; c'est pour cela que nous gardons ses commandements.

Dans l'eucharistie, le Seigneur nous demande de nous engager dans son propre mystère qui est de participer à la joie que le Seigneur donne à ses disciples, à la paix qu'il leur partage, à cette plénitude de don et de bien qu'il leur communique. « *Comme le Père m'a envoyé, moi aussi je vous envoie.* » Nous sommes envoyés dans le monde, envoyés pour triompher du mal, envoyés pour faire comme le Christ. Il faut mourir à nous-mêmes pour découvrir la joie de Dieu. Qui est vainqueur du monde, si ce n'est celui qui croit que Jésus est le Fils de Dieu ? Il y a une joie, il y a une paix au cœur de l'Evangile qui nous enveloppe de partout parce que c'est celle-là même du Christ. Je voudrais que nous entrions dans le mystère de renaissance dans le Christ en prenant mieux conscience que c'est la foi qui transforme notre regard. Nous voyons le monde d'une toute autre façon, nous voyons le monde sortir du Père pour venir nous prendre et nous ramener à lui. Désormais notre vie prend un tout autre sens. C'est le sens même que le Seigneur a voulu de toute éternité. C'est le sens de l'amour, de la plénitude de l'amour.

Alors, nous reconnaîtrons que nous sommes enfants de Dieu si nous accomplissons ses commandements. Soyons des enfants émerveillés de ce que le Père a fait pour nous. Nous allons lui demander ensemble de découvrir avec émerveillement les chemins qu'il a sur nous, les chemins qui sont les siens. Il n'y a pas deux vocations identiques, chacune a son chemin, chacune est déterminée par le Seigneur et par notre réponse d'amour. Répondons simplement, humblement, en toute vérité à ce que veut le

Seigneur et nous verrons qu'il nous tracera le sentier sur lequel il s'engagera avec nous. Le Seigneur est toujours avec nous. « *Je suis tous les jours avec vous jusqu'à la fin des temps.* » (Mt 28, 20) Demandons au Seigneur d'être dans la vérité et l'amour puisque l'Esprit de vérité et d'amour repose sur nous. Amen !

Troisième dimanche de Pâques

Actes des apôtres 3, 13-19 1 Jean 2, 1-5 Luc 24, 35-48

La lecture de saint Jean met en évidence ceci : « *Mes petits enfants, je vous écris pour que vous évitiez le péché. Mais, si l'un de nous vient à pécher, nous avons un défenseur devant le Père : Jésus-Christ, le Juste* ». Nous avons un défenseur. Si nous péchons, en effet, le cœur de Dieu est plus grand que le nôtre et nous pouvons à tout instant nous retourner vers le Seigneur, sûrs de son pardon. Nous avons un authentique défenseur qui est le Christ lui-même, Jésus-Christ offert pour nos péchés, offert pour les péchés du monde entier. En vérité, nous avons deux avocats, le Christ, comme il est dit ici : *« Nous avons un défenseur devant le Père : Jésus-Christ le Juste »*. Et dans l'évangile, Jean au chapitre 14,16 nous rapporte les paroles de Jésus nous disant que « *l'Esprit de Vérité est aussi notre défenseur et qu'il intercède pour nous* ». Par ailleurs, saint Paul, dans l'épître aux Romains nous dit que *« l'Esprit intercède pour nous »* (Ro 8, 26).

Nous devons tenir solidement dans notre foi le mystère de la découverte du péché, de cette découverte enveloppée dans la miséricorde. Nous sommes des êtres pardonnés, nous sommes des êtres pris par le péché mais que le Seigneur pardonne puisqu'il nous fait entrer dans sa joie et dans sa miséricorde. Il suffit pour cela de découvrir de l'intérieur les commandements du Seigneur et de les mettre en pratique. Il s'agit de connaître Dieu mais connaître Dieu selon l'Ecriture, c'est garder ses commandements. Nous devons essayer d'imiter le Christ offert pour nos péchés et pour ceux du monde entier, d'apprendre à garder fidèlement le Parole car c'est dans cette Parole que l'amour de Dieu atteint sa perfection. Et pour pouvoir connaître de l'intérieur le mystère de notre défenseur qui est le Christ lui-même, il faut l'aimer et pour cela nous n'avons qu'une solution : le découvrir dans l'Ecriture.

Il faut découvrir l'Ecriture comme un tout, comme nous l'explique saint Luc dans l'évangile des disciples d'Emmaüs. Le Christ dit à ses apôtres : *« Rappelez-vous les paroles que je vous ai dites quand j'étais encore avec vous : il fallait que s'accomplisse tout ce qui a été écrit de moi dans la loi de Moïse, les Prophètes et les Psaumes ».* Nous avons à découvrir l'Ecriture dans sa totalité. Nous ne pouvons rien faire si nous ne sommes pas formés par cette Parole au plus intime de nous-mêmes. Elle nous donne l'intelligence de la naissance du monde, du développement du monde et de son terme dans le mystère de Dieu. Découvrir les Ecritures. Connaissez-vous vraiment les Ecritures ? Sont-elles pour vous une nourriture, une nourriture qui vous forme, une nourriture qui vous transforme dans le Christ lui-même ? Lisez-vous l'Ecriture comme un pain, un pain dont vous avez faim, un pain dont vous avez besoin ? Lisez-vous l'Ecriture comme une réalité placée au cœur de votre vie et qui doit transfigurer votre regard ?

« *C'est bien ce qui avait été annoncé par l'Ecriture, les souffrances du Messie, sa résurrection et la conversion proclamée en son nom pour le pardon des péchés à toutes les nations en commençant par Jérusalem. C'est vous qui en êtes les témoins.* » Il faut placer l'Ecriture dans notre vie de foi, en la vivant tout simplement, tout humblement, tout pauvrement mais en la laissant éclater dans notre vie et faire en sorte qu'elle nous transfigure. Nous avons à prendre en nous les évènements que le Christ n'a cessé de répéter au cours de ses montées à Jérusalem lorsqu'il annonçait ses souffrances et sa résurrection. Ses souffrances dans sa résurrection, car tout est tourné vers sa résurrection que proclame Pierre, le jour de la Pentecôte, et dans ce mystère de conversion des hommes à Dieu : nous devons tout voir dans la résurrection du Christ. Les souffrances du Messie sont toutes tournées vers la résurrection, vers cette résurrection qui sera annoncée au monde comme le pardon des péchés et comme l'annonce au monde entier de la Parole. La Parole de Dieu doit devenir nôtre au point qu'elle soit vraiment une nourriture pour nous. Nous avons besoin de nous nourrir de l'Ecriture et tous les anciens disent qu'il n'y a pas de chrétiens sans la méditation de l'Ecriture. Il faut lire l'Ecriture comme le livre de sa propre vie, comme le livre dans lequel nous sommes engagés, comme le livre dans lequel les souffrances du Christ et sa résurrection sont données au monde.

C'est à la mesure de notre entrée dans la Parole de Dieu que nous serons des témoins. On se demande souvent comment être témoin du Christ. Je pense que le principe de tout est de découvrir ce secret dans les Ecritures que le Christ nous livre. *« Rappelez-vous les paroles que je vous ai dites quand j'étais encore avec vous.* » Vous me direz que les disciples d'Emmaüs ont eu « en direct » l'explication du mystère de Dieu, tout le développement des Ecritures et que nous serions heureux d'avoir la même chose qu'eux. Et bien, les Evangiles ne sont pas autre chose, les Evangiles sont l'explication par le Christ de sa propre vie illuminée par sa résurrection et transfigurée par elle. Il nous faut demander au Seigneur l'intelligence des Ecritures, de l'intérieur, au plus profond de notre cœur. Il faut se mettre à écouter la Parole de Dieu, cette Parole déconcertante, étonnante, cette Parole à laquelle nous ne nous habituons jamais. Bien sûr nous connaissons bien certains textes lus, par exemple souvent dans la liturgie du dimanche, mais mesurons-nous bien ce qu'il y a dans le contenu de ces textes ? Acceptons-nous ce décapage nécessaire pour donner à ces textes leur vigueur, leur incandescence, leur force ? Il s'agit de laisser la Parole exploser dans notre vie, manifester toute sa puissance, toute sa force, toute son énergie. Elle est là au service de la conversion du monde.

Cette Parole n'est là que pour cela. Nous avons à entrer dans le mouvement des souffrances du Christ, partager la croix du Christ qui est au cœur de toute vie, à laquelle nous ne pouvons pas échapper parce qu'elle est plantée au cœur de toute vie et c'est seulement ainsi que nous pouvons croire aussi à la résurrection. Le Christ est ressuscité pour que nous soyons des ressuscités et que la splendeur du mystère de Dieu paraisse en nous. Pour cela, il faut que notre vie soit transformée par la Parole et que la conversion soit proclamée au nom de Jésus-Christ par nos vies, par notre parole, par notre façon de voir les choses. Demandons au Seigneur d'entrer dans cette Parole, de la découvrir comme on la découvre au plus profond de son être et de la laisser tout envahir. Le cœur de Dieu est plus grand que le nôtre. Ne vous laissez par prendre par le découragement ou la souffrance au point de ne pas découvrir le mystère de Dieu. Découvrez, au contraire, que tout nous est donné gratuitement dans l'annonce de la Parole de Dieu au monde, dans le mystère du Christ, dans ses souffrances, dans sa résurrection. Demandons ensemble les uns pour les autres que ce mystère s'ouvre à nous et que nous ayons le courage de travailler pour comprendre l'Ecriture, pour la lire, pour la laisser agir dans nos vies. Nous sommes des ressuscités qui se nourrissent de la Parole de Dieu. Nous vivons avec Dieu. Nous avons à nous laisser transfigurer et transformer par lui. C'est lui que nous mangeons mais en réalité, c'est lui qui nous transforme par sa propre vie. Laissons-nous transformer par le Christ et nous serons des êtres capables d'annoncer au monde la puissance de la Parole de Dieu, la puissance de la croix du Christ triomphant de tout par sa résurrection. Laissons-nous convertir et nous convertirons les autres. Que la paix et la joie de Dieu soient dans votre cœur. Amen !

Quatrième dimanche de Pâques

Actes des apôtres 4, 8-12 1 Jean 3, 1-2 Jean 10, 11-18

En ce dimanche des vocations, l'Eglise nous donne des textes merveilleux à méditer, celui du Bon Pasteur et celui de Jean nous affirmant que nous sommes enfants de Dieu. Il faut remarquer les formules du Christ : « *Le Père m'aime parce que je donne ma vie pour la reprendre, personne n'a pu me l'enlever, je la donne de moi-même. Le Père m'aime parce que je donne ma vie pour la reprendre ensuite* ». C'est tout le mystère de la croix et de la résurrection : le Seigneur nous fait réfléchir sur le fait que tout est donné dans la croix et dans la résurrection. C'est dans l'amour que le Père nous aime et le Christ a le pouvoir de donner sa vie et de la reprendre. Il y a une liaison constante entre reprendre et donner. Pour saint Jean, c'est lui-même qui se ressuscite, alors que pour les synoptiques, c'est le Père qui ressuscite le Christ : *« J'ai le pouvoir de la donner et le pouvoir de la reprendre »*. C'est vraiment le mystère qui nous enveloppe tout entier, le mystère de l'amour et de la liberté. *« Le Père m'aime parce que je donne ma vie librement. »* Tout est dans ce “librement”.

Le texte de saint Jean nous dit que le vrai berger donne sa vie pour ses brebis. Mais il la donne de bon cœur. Il la donne parce qu'il est le Bon Pasteur et qu'il nous aime. C'est ce qui établit entre le Père, le Christ et nous cette communion au cœur même du mystère trinitaire, cette communion infinie. « *Moi, je suis le bon Pasteur ; je connais mes brebis et mes brebis me connaissent comme le Père me connaît, et que je connais le Père ; et je donne ma vie pour mes brebis.* » Il y a une intimité extraordinaire entre les brebis et le Christ ; c'est la même intimité qu'il y a entre le Fils et le Père. Donner sa vie, c'est le cœur de l'évangile. Nous sommes faits pour donner notre vie pour nos frères à l'image du Christ. La grande réalité de l'Evangile est ce don total au Seigneur. « *Le Père m'aime parce que je donne ma vie pour la reprendre ensuite.* » Le Christ fait bien plus que de donner sa vie, il la reprend dans la plénitude de l'amour, il la reprend dans l'Esprit-Saint, il la glorifie dans l'Esprit-Saint, et c'est ainsi qu'il devient la source de vie pour l'humanité entière.

« *J'ai le pouvoir de la donner, et de la reprendre à nouveau ; voilà le commandement que j'ai reçu de mon Père* ». Il y a un paradoxe qui vous étonne peut-être. Le Christ dit qu'il donne sa vie librement et voilà qu'il dit « *tel est le commandement que j'ai reçu de mon Père* ». C'est dans ce commandement qu'est la liberté. C'est dans l'accomplissement de la volonté de Dieu qu'est la liberté. Notre liberté est cachée face au mystère du Christ qui se livre pour nous sur la croix, qui nous ressuscite et qui nous entraîne vers lui : toutes nos vocations s'insèrent là. Toutes nos vocations s'insèrent au cœur de ce don du Seigneur à son Père qu'il fait pour nous tous. Nos vocations sont à la fois toutes dissemblables et toutes semblables.

Lorsque l'Eglise parle des vocations, elle ne parle pas seulement de la vocation sacerdotale ou de la vocation religieuse, elle parle aussi des vocations laïques, des vocations au mariage, de toutes les vocations qui font le mystère de l'Eglise. L'Eglise est composée d'une multitude de membres qui ont des vocations diverses et des vocations que nous découvrons peu à peu. C'est l'Esprit-Saint qui nous guide. Chacun de nous, qui que ne nous soyons, prêtres, religieuses ou laïcs, cela n'a pas d'importance. L'important est de correspondre au dessein du Seigneur, de correspondre à ce qu'il est. Il nous appelle au même don, il nous appelle à donner notre vie à sa suite. « *J'ai le pouvoir de donner ma vie et le pouvoir de la reprendre* ». Dans le Christ nous pouvons avoir la même attitude. Nous pouvons nous donner tout entiers, nous livrer tout entiers et le Seigneur nous reprendra dans son propre mystère. Il faut que nous comprenions que la vocation est au cœur de la vie chrétienne, de chacune de nos vies et que cette vocation, seul l'Esprit-Saint nous donnera de la trouver. Nous avons à discerner nos vocations. Nous avons à discerner ce que le Seigneur attend de nous. Il attend beaucoup et il attend quelque chose que nous ne voudrions pas donner ! Rappelez-vous Pierre auquel le Seigneur dit après sa Résurrection qu'il le conduira là où il ne voudrait pas aller.

Nous laisser guider et conduire par le Seigneur : c'est le mystère de l'amour, le mystère de notre liberté, la liberté de la vérité, la liberté de l'amour qui aime et qui se livre. Le Père s'est livré tout entier dans son Fils. Le Fils s'est livré tout entier dans la croix et la résurrection. L'Eglise a plus que jamais besoin de vocations différentes. Nous devons prier pour les vocations. D'ailleurs, le Seigneur insiste sur ce point dans l'Evangile. Il y a des vocations qui sont en train de mûrir, il y a du blé qui pousse, il faut des ouvriers pour la moisson. L'Eglise tout entière doit manifester ce don au Seigneur, ce don qui la prend entièrement comme elle a pris le Christ.

« *Le Père m'aime parce que je donne ma vie pour la reprendre ensuite.* » Notre première découverte doit être dans notre vie pour ce don. Le Père m'aime au plus profond de mon cœur, au plus profond de mon être, là-même où je ne me connais pas. Et il me donne la vie. Il nous donne la vie pour que nous mourrions et que nous ressuscitions comme le Christ est ressuscité. La vocation passe par la vie d'ici-bas et c'est dans cette vie d'ici-bas que nous construisons notre éternité.

Saint Jean nous dit : « *Voyez comme il est grand, l'amour dont le Père nous a comblés ; il a voulu que nous soyons appelés enfants de Dieu – et nous le sommes… Dès maintenant, nous sommes enfants de Dieu, mais ce que nous serons ne paraît pas encore clairement. Nous le savons ; lorsque le Fils de Dieu paraîtra, nous serons sem-*

blables à lui parce que nous le verrons tel qu'il est». Tout le dessein de Dieu, toutes les vocations dans l'Eglise sont au service de cette manifestation de l'amour du Père pour nous, de cette merveille étonnante. Nous sommes aimés de Dieu et nous sommes enfants de Dieu. Voilà pourquoi nous sommes pris dans ce courant d'amour qu'il y a entre le Père et le Fils. Mais nous sommes encore dans un temps où les choses ne sont pas parfaitement claires. La souffrance, la mort, les guerres, les atrocités existent encore dans ce monde. Mais il y a au plus profond de l'être un renouvellement qui lui permet de comprendre que tout est en gestation, comme dit saint Paul, *« tous nous gémissons attendant la rédemption de notre corps* » (Ro 8,23). *« Lorsque le Fils de Dieu paraîtra, nous serons semblable à lui parce que nous le verrons tel qu'il est.* La mission a pour horizon ce face à face avec Dieu.

Pensons-nous à ce face à face avec Dieu, à cette rencontre que nous aurons avec le Christ, à ce moment où nous le découvrirons au plus profond de notre être ? Aimez-vous Dieu jusqu'à désirer le rencontrer, désirer le trouver, comme Paul qui veut rejoindre le Christ mais qui accepte de rester ici-bas, non pour lui, mais pour le salut de ses frères ? Il faut demander au Seigneur de l'aimer au point de désirer le rencontrer pour lui être semblables et le voir tel qu'il est. Le christianisme doit annoncer au monde cette filiation. Elle est extraordinaire car nous sommes véritablement des enfants de Dieu. C'est le Saint-Esprit qui fait de nous des fils à l'image du Fils qui vit dans le Père, dans son amour, dans son amour infini. Nous sommes tous appelés à cette rencontre absolument unique avec Dieu dans le face à face, dans l'amour, dans la vérité de son être, dans sa sainteté, dans sa grandeur, dans tout ce qu'il est.

Nous sommes des enfants bien-aimés à condition de laisser le Père mener les chemins. Nous devons demander au Seigneur de nous guider dans notre vocation. Cela suppose l'amour du Bon Pasteur. Dans l'Eglise ancienne, c'est l'image la plus populaire de tout l'évangile. Le Christ portant la brebis sur les épaules. C'est l'image par excellence de celui qui donne sa vie pour son troupeau ; à sa suite nous devons donner notre vie pour nos frères.

Demandons au Seigneur de nous abandonner à son mystère, de nous abandonner à la découverte de cette connaissance de Dieu. Nous avons à connaître le Père, à le connaître comme le Christ connaît son Père. *« Je connais mes brebis et mes brebis me connaissent »*. Pouvons nous dire la phrase suivante : Je connais le Seigneur et le Seigneur me connaît ? Il faut demander cette intimité avec le Seigneur, nous laisser faire, nous laisser conduire, nous laisser traverser par l'influx du Seigneur. Nous serons, nous aussi, capables un jour de donner notre vie pour nos frères. C'est ce que nous avons à demander au Seigneur, c'est ce qu'il nous demandera. Nous sommes pris dans ce torrent d'amour qui part du Père et qui donne la vie au Fils, qui le ressuscite et le fait entrer dans sa gloire. Nous aussi, nous connaîtrons la même gloire dans le Fils et nous serons les enfants bien-aimés du Père accomplissant les commandements reçus de lui. Amen !

Cinquième dimanche de Pâques

Actes des apôtres 9, 26-31 1 Jean 3, 18-24 Jean 15, 1-8

Saint Jean nous rappelle que « *nous devons aimer : non pas avec des paroles et des discours mais par des actes et en vérité* ». La vérité de l'amour se prouve par des actes ; l'amour tient dans les actes que nous posons en esprit et en vérité. « *En agissant ainsi, nous reconnaîtrons que nous appartenons à la vérité et devant Dieu nous aurons le cœur en paix.* » Puis, nous avons cette phrase inouïe, à peine croyable : « *Notre cœur aurait beau nous accuser, Dieu est plus grand que notre cœur, il connaît toutes choses* ». Tout repose sur l'infinie miséricorde de Dieu et notre stabilité provient de cette miséricorde. Nous ne pouvons pas tenir par nous-mêmes, nous tenons dans le Christ. « *Dieu est plus grand que notre cœur et il connaît toutes choses.* » Dès lors, nous pouvons tout demander à Dieu avec assurance, si notre cœur ne nous accuse pas. Mais notre cœur nous accuse toujours, alors mettons-le dans la miséricorde de Dieu qui est splendeur, si bien que nous tenons avec assurance devant Dieu. Nous pouvons tenir avec l'assurance d'un Paul, d'un Jean, de tous les apôtres. Il nous accorde tout ce que nous lui demandons. C'est une question de fidélité fondamentale qui tient en un mot. Il faut croire au Fils de Dieu et il faut nous aimer les uns les autres. C'est vraiment la fidélité qui commande tout, cette fidélité que le Seigneur a eue pour sa vigne, cette fidélité qu'il a eue pour son peuple qu'il construit. Cette fidélité est la fidélité même de l'amour. « *Celui qui demeure fidèle à mes commandements demeure en Dieu et Dieu en lui.* » Mais toute cette attitude d'aimer en vérité, d'aimer en actes n'est possible que si nous nous appuyons sur le Christ : « *En dehors de moi vous ne pouvez* rien faire ».

C'est le fond du mystère du Christ : pris dans son mystère, nous demeurons dans son amour. Nous devons découvrir cette demeure : « *Demeurez en moi comme moi en vous* ». Porter du fruit, c'est demeurer greffés sur la vigne. « *Moi je suis la vigne et vous les sarments.* » Il y a une unité fondamentale entre le Seigneur et nous. Pensons à l'expression dite par le Seigneur à saint Paul au moment de sa vision : « *Je suis Jésus, celui que tu persécutes* » (Ac 9,5). Le Christ s'identifie à ses disciples et nous, nous devons demeurer dans ce mystère d'amour, demeurer au cœur de l'amour.

« *Celui qui demeure en moi et en qui je demeure, celui-là porte beaucoup de fruit* », beaucoup de fruits de sainteté, de vérité, d'amour. Le Seigneur veut nous faire comprendre qu'il faut rentrer dans son mystère où tous nos péchés sont couverts par la miséricorde de Dieu, où tout nous est ouvert et où nous pouvons parler avec assurance de Dieu. L'assurance biblique est cet aplomb que nous pouvons avoir devant Dieu, cet aplomb que nous pouvons avoir parce qu'il nous aime. Nous nous appuyons sur son amour et nous demeurons en lui, alors nous sommes sûrs qu'il nous sauve. C'est la fidélité du Seigneur qui nous sauve, cette fidélité qui s'est affirmée depuis le début de la création, qui ne cesse de se développer et qui se manifeste dans le mystère du Christ. La vigne résume tout le mystère de la croix et de la résurrection dans lequel le Christ nous engage avec lui pour que nous chantions l'amour du Père.

Demandons au Seigneur, dans cette Eucharistie, de nous laisser prendre dans l'amour du Père, de demeurer dans le Christ et de laisser le Père nous émonder, nettoyer ce qu'il y a à nettoyer pour que la vigne porte beaucoup de fruits. Le Seigneur attend des fruits. Toute l'histoire de l'Eglise manifeste ces fruits, malgré ses faiblesses, malgré son péché, malgré sa misère. Si nous sommes fidèles aux commandements du Seigneur, nous sommes sûrs que Dieu demeure en nous et nous en lui. Cela vient de ce que nous recevons le Saint-Esprit. Le Saint-Esprit nous est donné sans mesure, grâce au Seigneur qui est vraiment plongé dans le mystère de l'Esprit et qui glorifie le don de son Fils : *« Dieu est plus grand que notre cœur et il connaît toutes choses »*.

Demandons au Seigneur de comprendre à quelle profondeur cette parole est dite. Dieu est plus grand que notre cœur et même si notre cœur nous accuse, nous n'avons rien à craindre, Dieu est plus grand que notre cœur. Il est plus grand que tout ; il s'agit de découvrir ce qu'il y a de plus original en Dieu, de tout ce qu'il y a de plus intime en Dieu. En Dieu, c'est l'infini de sa miséricorde, c'est l'infini de son amour, de sa joie, de sa paix. Nous avons à entrer dans la paix de Dieu. Si nous appartenons à la vérité, nous aurons le cœur en paix. Appartenir à la vérité, c'est croire à l'amour du Fils. La vérité, dit saint Jean, vous le savez, c'est l'amour du Père qui se manifeste dans le Christ. Nous saurons que nous appartenons à la vérité parce que le Saint-Esprit est en nous et qu'il nous guide. Il nous fait aussi répondre aux inspirations de son amour. Demandons au Seigneur d'entrer dans cette miséricorde, de la comprendre de l'intérieur, de découvrir que le Seigneur est vraiment celui sans lequel nous ne pouvons rien faire. Il est notre tout, notre rédemption, notre miséricorde, notre paix, notre joie. Il nous donne tout et il demeure en nous. Demeurons dans son amour et nous verrons que la joie pénétrera notre cœur, la joie et la paix, cette joie et cette paix que le monde ne peut pas nous donner. *« Moi je suis la vigne, vous les sarments. »* Que le Seigneur nous donne d'être fidèles à ce qu'il est. Il est le Fidèle, le Christ est le Fidèle, et nous avons à être fidèles comme le Christ, dans le Christ. Amen !

Sixième dimanche de Pâques

Actes des apôtres 10, 25-48 1 Jean 4, 7-10
Jean 15, 9-17

« *Je ne vous appelle plus serviteurs, car le serviteur ignore ce que veut faire son maître ; maintenant, je vous appelle mes amis, car tout ce que j'ai appris de mon Père, je vous l'ai fait connaître.* » Nous nous trouvons devant une affirmation absolument inouïe. Celui qui est le Seigneur et le Maître dit qu'il nous appelle ses amis ! Nous avons à découvrir la profondeur de cette amitié et sa signification. Le Christ nous le dit lui-même : « *Je vous appelle mes amis car tout ce que j'ai appris de mon Père, je vous l'ai fait connaître* ». Le mystère du Seigneur est en effet un mystère de communion. Il nous fait entrer dans la communion de son Père et il nous dévoile ce mystère. Il dévoile que nous sommes ses amis. Qu'est-ce que cela veut dire ? L'amitié est vraiment le fait d'avoir tout en commun, de connaître de l'intérieur le secret de l'autre, et le fait que l'autre accepte que son intimité soit dévoilée dans la vérité, dans la transparence, dans la splendeur de l'amour. Il est merveilleux de savoir que le Seigneur nous appelle ses amis car cela veut dire que nous sommes admis à connaître les secrets du Père.

C'est le cœur du christianisme et les premières générations chrétiennes se sont extasiées devant cette connaissance dans l'amour que le Seigneur nous apporte. Nous connaissons le secret de Dieu, nous connaissons le mystère de Dieu, nous connaissons le plan de Dieu sur le monde, nous connaissons le cœur du mystère du monde : nous sommes dans la joie de connaître ce mystère qui est une découverte de l'amour qui se communique en vérité. Ami, non plus serviteur. Mesurons-nous la splendeur de cette affirmation, mesurons-nous à quel point elle nous atteint au plus profond de notre être ? Le Seigneur se dit notre ami. Quelle que soit notre solitude, notre souffrance, notre maladie, nos difficultés, nous avons un ami extraordinaire, un ami comme il n'en est pas dans le monde. Il nous est nécessaire de découvrir cette amitié du Père, cette amitié du Christ. Nous pouvons dire en toute vérité que nous sommes les amis du Christ.

Nous sommes aimés du Père et nous sommes les amis du Christ. D'ailleurs le Seigneur nous dit que nous ne sommes pas seulement des amis mais il nous dit que cette amitié est si profonde qu'elle fait de nous des fils du Père. La révélation du dessein du Dieu est que nous sommes en effet des fils. « *Tous ceux qui aiment sont enfants de Dieu, et ils connaissent Dieu.* » Nous savons que nous sommes depuis toujours aimés à l'infini dans le mystère du Père.

« *Voici à quoi se reconnaît l'amour : ce n'est pas nous qui avons aimé Dieu, c'est lui qui nous a aimés, et il a envoyé son Fils qui est la victime offerte pour nos péchés.* » Amis, nous sommes fils du Père. Nous pouvons nous demander si c'est valable pour chacun d'entre nous. Le livre des actes des apôtres nous dit que nous sommes tous appelés à cette communion : « *Dieu ne fait pas de différence entre les hommes ; mais, quelle que soit leur race, il accueille les hommes qui l'adorent et font ce qui est juste* ». Nous disons peut-être que tout cela est bien beau mais réservé à certains. Nous sommes tous appelés qui que nous soyons, d'où que nous soyons, de quelque race que nous soyons puisque Dieu ne fait acception de personne. Nous sommes appelés à connaître Dieu dans l'intimité, à connaître Dieu dans ce rayonnement de paix et de joie qui est la vie du Christ voulant nous donner sa paix et sa joie. Ensuite cela est donné dans l'amour réciproque que nous avons les uns pour les autres : « *Aimez-vous les uns les autres comme je vous ai aimés* ». Cela suppose de demeurer dans l'amour. Pour être serviteur il faut entrer dans l'amour et même dans la plénitude de l'amour. Etre fidèles à l'amour du Père, être fidèles à l'amour du Christ suppose que nous aimions du plus profond de notre être.

« *Vous êtes mes amis si vous faites ce que je vous commande.* » Et ce que le Christ commande, « *c'est de nous aimer les uns les autres* ». L'amitié est là dans le cœur du Christ puisqu'il a donné sa vie pour ses amis. « *Il n'y a pas de plus grand amour que de donner sa vie pour ses amis… Mon commandement le voici : aimez-vous les uns les autres comme je vous ai aimés.* » Entendre cela est absolument extraordinaire dans le monde dans lequel nous sommes, un monde de fermeture, un monde de tristesse, un monde où sans cesse nous nous battons. L'amour est plus fort que tout, l'amour est au cœur des difficultés, des misères mais il nous sauve au plus profond de nous-mêmes.

Ouvrir notre cœur. Laisser le Seigneur se déployer en nous et manifester sa vie dans la vérité et dans la transparence de la charité. « *Ce n'est pas vous qui m'avez choisi, c'est moi qui vous ai choisis ; je vous ai mis à cette place afin que vous partiez, que vous donniez du fruit, et que votre fruit demeure.* » C'est en effet l'amour de Dieu qui est premier. C'est l'amour de Dieu qui nous enveloppe. Si nous reconnaissons l'amour, c'est parce que Dieu nous a aimés le premier. C'est lui qui nous a aimés. Il nous a envoyé son Fils qui est la victime offerte pour nos péchés.

Demandons au Seigneur de connaître cet amour, de devenir des amis du Christ qui connaissent son secret, qui le connaissent de l'intérieur, à travers leur vie, qui en font l'expérience et qui se laissent faire par cet amour. « *C'est moi qui vous ai établis et choisis.* » Choisis. Nous sommes choisis par Dieu et de ce fait notre cœur doit être une eucharistie vivante. Nous sommes les amis du Seigneur qui découvrons l'amour du Père. « *Celui qui n'aime pas ne connaît pas Dieu, car Dieu est amour.* » Demandons ensemble pour nous tous d'entrer dans ce mystère d'amour, d'entrer dans ce mystère de filiation. Nous sommes les fils dans le Fils. Nous sommes fils dans le Christ, nous sommes transparents à cet amour qui nous a choisis de toute éternité, alors laissons-nous faire par cet amour. Nous serons ce que Dieu veut que nous soyons. L'amour c'est de nous aimer les uns les autres. Amen !

L'Ascension du Seigneur

Actes des apôtres 1, 1-11 Ephésiens 1, 17-23
Marc 16, 15-20

Le Seigneur s'est élevé dans les cieux, le Christ ne paraîtra plus sur cette terre, le Christ ne se manifestera plus à ses apôtres. Désormais, il est parti pour que nous recevions l'Esprit-Saint, il est parti parce que vivant, il veut nous donner sa vie. L'Ascension proclame d'abord la vie du Christ. Cette vie est toute de plénitude, de communion avec le Père, cette vie dans laquelle il est au-delà de tout, comme le dit saint Paul : « *Il lui a tout soumis* ». Tout est vraiment dans sa main. C'est vraiment le triomphe du Christ qui est auprès du Père et dont toute la vie est dans le mystère de Dieu. La vie est vraiment au cœur du mystère que nous célébrons aujourd'hui. L'Ascension est la vie triomphante qui va s'exprimer dans la Pentecôte, la vie qui jaillit du cœur de Dieu et qui fait du Christ le principe de renouvellement du monde entier. Le Seigneur est vraiment le Seigneur. Il est celui qui, dans le Christ, a manifesté se puissance de résurrection et qui la fait asseoir à sa droite dans les cieux. Il a déployé sa puissance infinie dans le Christ et désormais le corps du Christ qui était d'abord un corps pour la mort devient un corps pour la vie, qui n'est plus que vie. Il n'est plus que plénitude de vie, de vie à transmettre, de vie à nous donner. Nous avons à croire à cette vie éternelle qui est le mystère de Dieu, ce mystère qui est le rapport du Père et du Fils, qui est notre espérance puisque cette vie de joie, de lumière et de paix nous est promise. Nous sommes avec le Christ auprès du Père.

Nous sommes dans le mystère de Dieu et le monde a beau être ce qu'il est, atroce, empli de malheurs, le mal peut s'y déployer mais il y a au-delà de tout, présent au milieu de ce monde et pour le renouveler, il y a la présence du Ressuscité.

Le don que Dieu nous a fait, c'est le don du Fils triomphant, du Fils montant auprès du Père et qui est là désormais dans la plénitude de l'amour et de la sagesse. Il n'est que regard vers son Père comme le Père n'est que regard vers son Fils dans l'Esprit-Saint. Cette puissance de la résurrection est là au cœur de notre vie, et ce que nous avons à demander, c'est la vie éternelle qui transfigurera notre être de fond en comble. Nous ressusciterons comme le Père a ressuscité le Christ.

Cette puissance de Dieu accomplit dans l'Eglise le mystère de la plénitude. Tout devient instrument du salut, tout devient plénitude de joie, plénitude d'amour car tout est soumis au Christ, tout lui a été donné. Si nous croyons à cette puissance infinie qu'il déploie en nous, les croyants, nous serons des hommes nouveaux, des hommes pris par la sagesse de Dieu, pris par la splendeur de Dieu. « *Que le Dieu de notre Seigneur Jésus-Christ, le Père de la gloire, vous donne un esprit de sagesse pour le découvrir et le connaître vraiment. Qu'il ouvre votre cœur à sa lumière pour vous faire comprendre l'espérance que donne son appel.* » Nous somme pris par cette demande de saint Paul. Demandons au Seigneur, par son intercession, d'avoir cette lumière qui pénètre notre être et nous transfigure. Nous avons à nous laisser transfigurer par la plénitude de l'amour de Dieu, par l'héritage qui nous est proposé à jamais. La puissance de Dieu est dans nos mains. La puissance de Dieu peut tout.

Ce que nous devons confesser, c'est, je crois, cette incroyance, ce manque de perception de cette plénitude d'engagement du Seigneur dans notre vie. Bien sûr, le monde est difficile, mais la réalité de la résurrection dans sa plénitude de paix et de joie nous donne d'être des témoins. Saint Marc insiste sur le témoignage : « *Allez dans le monde entier. Proclamez la Bonne Nouvelle à toute la création. Celui qui croira et se fera baptiser sera sauvé* ». Le fondement de notre envoi en mission pour proclamer cette bonne nouvelle, c'est l'Ascension. C'est cette session du Fils à la droite du Père qui veut dire que le Fils partage avec le Père les mêmes prérogatives que lui. Cette puissance du Fils va se manifester dans la proclamation de la bonne nouvelle à toute la création. Proclamer le don du Seigneur, proclamer la bonne nouvelle à toute la création, c'est notre vocation fondamentale à tous ; cela suppose que notre cœur s'ouvre à la lumière de la puissance de Dieu et à l'espérance que donne son appel. Notre être s'ouvrira à la gloire sans prix qui agit au fond de notre cœur. Nous avons à découvrir cette puissance bouleversante qui peut tout, cette puissance souveraine qui jaillit dans nos vies pour les transformer. Nous devons être des hommes radicalement nouveaux parce que le Seigneur nous aime et parce que nous lui répondons. Nous devons être prêts à faire face à toutes les situations car le Seigneur est avec nous et il nous donne de proclamer la bonne nouvelle du salut.

Cette bonne nouvelle se présente tout simplement, je dirai familièrement. Le Christ est là et il est enlevé au ciel. Il n'apparaîtra jamais plus mais il devient plus présent que jamais. Il est avec nous pour annoncer la bonne nouvelle. « *Quant à eux, ils s'en allèrent proclamer partout la bonne nouvelle. Le Seigneur travaillait avec eux et confirmait la parole par les signes qui l'accompagnaient.* » C'est ce que le Seigneur demande à chacun de nous. C'est vraiment le mystère de l'Eglise qui est ce « mystère avec nous ». Le Christ nous dit qu'il est avec nous tous les jours jusqu'à la fin du monde.

Y croyons-nous ? Donnerions-nous notre vie pour cela ? Sommes-nous prêts à nous livrer au Seigneur pour qu'il nous prenne jusqu'au bout, pour qu'il fasse de nous des êtres confirmés dans le Seigneur, confirmés dans sa lumière ? Nous sommes au cœur de la vie du Christ. Demandons-lui d'être présence au Seigneur et présence à nos frères. Demandons-lui l'Esprit-Saint comme les apôtres. Nous allons prier l'Esprit-Saint pour qu'il vienne. Il ne peut pas ne pas venir. C'est ce qu'il nous a promis. L'Eglise tout entière va demander jusqu'à la Pentecôte cette lumière qui transformera son cœur, qui la rendra témoin de la vérité, témoin de la puissance du Christ. Amen !

Septième dimanche de Pâques

Actes des apôtres 1, 15-26 1 Jean 4, 11-16
Jean 17, 11-19

Toute l'Eglise est dans la prière avec Marie, comme les apôtres l'étaient avec le groupe des disciples, en attendant le Saint-Esprit. L'Eglise a besoin de prière, l'Eglise a besoin de rentrer dans le mystère de son Seigneur et c'est par la prière qu'elle le fait. C'est sa première démarche qui l'engage jusqu'au bout.

Nous avons aujourd'hui, dans le texte de saint Jean, le sommet de l'Evangile : le Seigneur nous dit son mystère, nous dit son secret et nous dit ce qu'il veut pour nous. « *Avant de passer de ce monde à son Père, Jésus leva les yeux au ciel et pria ainsi : Père Saint, garde mes disciples dans la fidélité à ton nom que tu m'as donné en partage pour qu'ils soient un comme nous-mêmes.* » Père saint, remarquez la nuance de révérence, d'adoration. Père saint évoque la paternité de Dieu, la sainteté de Dieu. C'est tout ce qu'il y a de plus inaliénable et d'incompréhensible dans le mystère de Dieu. Il s'agit de s'offrir à ce mystère de Dieu qui est présent au milieu de ses disciples. Le Seigneur demande que nous soyons gardés dans le nom que le Seigneur lui a donné en partage. Dès qu'on parle d'amour, on parle de fidélité. La fidélité est au cœur du don que le Seigneur fait de lui même à ses apôtres et à ses fidèles, à tous ceux qui croient en lui. Nous sommes dans la fidélité et nous devons sans cesse la demander au Seigneur en son nom, cette fidélité qui nous introduit dans le cœur du Seigneur, dans le cœur du mystère de Dieu.

La fidélité au nom est la fidélité à cet amour qui constitue le Père. Le nom, c'est la personne, c'est la communion profonde, c'est le don total. C'est la gloire, cette gloire de

Dieu dans laquelle vit le Seigneur de toute éternité. Il demande la fidélité à ce nom parce qu'il sait très bien que cette fidélité est difficile, parce qu'il sait très bien qu'il nous jette dans le monde et que le monde prend les chrétiens en haine. « *Je leur ai fait don de ta Parole, et le monde les a pris en haine parce qu'ils ne sont pas du monde, de même que moi je ne suis pas du monde.* » Il y a une plénitude de don de la part du Seigneur lorsqu'il donne sa parole. Il se donne lui-même. Il se livre lui-même et il va jusqu'à dire qu'il se consacre pour nous.

Il se consacre par la parole de Dieu. Il se consacre lui-même afin que les disciples soient aussi consacrés par la vérité. Etre consacrés dans l'amour. Etre consacrés par la gloire de Dieu, c'est tout notre désir, c'est tout notre appel, c'est tout ce que le Seigneur demande pour nous : « *Je me consacre moi-même afin qu'ils soient eux aussi consacrés par la vérité* ». Cela suppose le sacrifice du Christ qui se consacre pour nous. « *Consacre-les dans la vérité, ta parole est vérité* ». Nous avons à demander au Seigneur à entrer dans sa vérité. Quel programme invraisemblable ! Comment pouvons-nous écouter de telles paroles sans frémir, sans être touchés au plus profond du cœur par ce qui est indicible dans ce texte. « *Pour eux, je me consacre moi-même afin qu'ils soient eux aussi consacrés dans la vérité* ». Le Seigneur se livre tout entier, il se livre dans le don, il n'est que don, don à son Père. Il n'est que cela, il n'est que consécration au mystère de son Père. Et il demande que nous aussi nous soyons consacrés par cette vérité, dans la fidélité.

Désormais la fidélité est possible parce que le Christ l'a vécue. Le Christ la vit et il habite notre cœur, il est au plus intime de nous-mêmes que nous-mêmes. « *Ta parole est vérité* ». Nous avons à découvrir la Parole de Dieu et à la laisser exploser dans nos cœurs. Nous avons à demander à cette parole de nous prendre. Qu'elle nous chahute, quelle nous prenne par le plus profond de nous-mêmes, qu'elle vienne nous prendre comme le Seigneur le veut. Nous ne savons pas de quelle manière. Mais nous pouvons demander au Seigneur qu'il nous engage dans sa vérité, dans son chemin. Ce chemin est invraisemblable, aussi invraisemblable que celui du Christ marchant vers la croix. Le Seigneur nous engage avec lui. Il nous engage dans son propre mystère et nous avons à nous laisser faire dans l'amour, car nous sommes pris dans son amour. Saint Jean nous le dit : « *Mes bien-aimés, puisque Dieu nous a tant aimés, nous devons aussi nous aimer les uns les autres* ». Aimer, c'est tout le programme que le Seigneur nous trace. Aimer parce que, consacrés au Seigneur, il nous communique son Esprit, et l'Esprit-Saint atteste en nous que le Père a envoyé son Fils comme Sauveur du monde.

Nous avons à découvrir l'amour. Ce n'est pas chose facile. L'amour est vraiment la réalité du monde la plus cachée, et en même temps la plus offerte puisque Dieu est Amour et celui qui demeure dans l'amour demeure en Dieu et Dieu en lui. Je crois qu'il faut écouter ces textes avec la profondeur que le Seigneur veut mettre en nos cœurs. Que ces paroles du Christ, juste avant sa mort, soient chargées de tout leur poids, de toute leur amplitude, qu'elles nous engagent à aimer, à aimer nos frères et à nous laisser faire par l'amour. Certes, le monde est difficile, le monde est atroce, le monde ne sait pas où il va, mais nous avons à être au cœur de ce monde des hommes de lumière, des hommes de vérité, des hommes consacrés par la vérité de l'amour du Père. « *Ta Parole est vérité.* » Tout l'évangile de Jean nous introduit dans cette consécration au Seigneur et nous livre plus que jamais à la splendeur du Père. Aimer le Seigneur, aimer le Père de notre Seigneur Jésus-Christ, nous laisser prendre dans cet amour, dépasser les conflits que nous pouvons connaître, les difficultés que nous pouvons avoir pour découvrir ce qu'est demeurer en Dieu.

Demandons au Seigneur de demeurer en Dieu, d'être habités par Dieu, d'être pris dans ce mouvement du Seigneur qui nous appelle et qui veut nous entraîner là où il veut. C'est le seul chemin que nous avons à chercher, celui du Seigneur. Demandons au Seigneur d'entrer dans son mystère. Nous ne sommes plus du monde. Mesurons-nous ce que ces paroles signifient ? Mesurons-nous ce qu'il y a d'invraisemblable dans cette prière du Christ ? Le Seigneur est vraiment incompréhensible. Le Seigneur est au-delà de tout ce que nous imaginons. Il est notre guide, il est la voie, la résurrection, la vie et il nous conduit. Il nous conduit avec cette tendresse, avec cette délicatesse, avec ce caractère terrible qui est la conduite de Dieu sur nous. Nous ne la comprenons pas toujours. Elle est terrible parce qu'elle dépasse nos forces, terrible par ce que nous sommes scandalisés par le choix du Seigneur et par ses chemins, comme Pierre l'a été, comme les apôtres l'ont été. Demandons au Seigneur de nous laisser consacrer par la vérité, de laisser le sceau du Seigneur se marquer en nous, celui que le Père a consacré et a envoyé dans le monde. Le Seigneur nous envoie aussi dans le monde pour témoigner de ce mystère d'amour qui est sur nous.

Nous demanderons ensemble, au cours de l'eucharistie qui est le moment solennel de notre retour au Père, que le don du Seigneur nous entraîne dans son amour. Demandons-lui de nous laisser faire. Que sa Parole nous transforme, qu'elle nous appelle à devenir des êtres libres, absolument libres, libres malgré toutes les apparences, libres parce que le témoignage suprême se fait dans la liberté et que nous pouvons être appelés au témoignage suprême s'il plaît à Dieu. L'amour de Dieu est vainqueur. Dieu est Amour. Celui qui demeure dans l'amour demeure en Dieu et Dieu en lui. Que la joie de Dieu soit en vous et que cette joie soit complète. Je voudrais vous crier ma joie et vous dire que tout est possible, que la joie peut transformer le monde, que la joie est vraiment ce qu'il y a de plus extraordinaire au monde, que la joie est la joie de Dieu, la joie de l'amour, la joie de la paix. Que cette joie éclate dans le monde avec, hélas, la douleur peut-être, mais la joie est si profonde qu'elle est au cœur du monde, et le Seigneur le sait. Que le Seigneur puisse faire en nous tout ce qui lui plaît. Qu'il nous fasse avancer à pas d'amour dans la foi. Amen !

Dimanche de la Pentecôte

Actes des apôtres 2, 1-11 1 Corinthiens 12, 3-13
Jean 20, 19-23

Nous venons de participer, en ce début de l'Eucharistie, à une cérémonie d'une simplicité et d'une profondeur incomparables. Sœur X... a reçu le voile et l'habit qui l'ont fait entrer dans la communauté. C'est un moment extraordinaire puisque c'est un acte de Dieu. Elle a répondu à un appel du Seigneur et elle a dit oui du fond de son cœur à cet appel qui l'a transpercée. Le mystère de la splendeur de Dieu est là dans une réponse à un amour. Ce n'est rien d'autre et c'est tout. C'est l'amour même de Dieu qui appelle et transforme, qui transfigure. Cette jeune sœur a été appelée par le Seigneur, elle l'a aimé et a répondu oui du fond de son cœur. Quel mystère ! C'est une réponse semblable à celle du Christ : « *Je viens, ô Père, faire ta volonté* » (Ps 40). Je viens me donner à toi de tout mon être. Une entrée en vie religieuse est ce mystère de présence à Dieu, de présence ineffable, de présence incomparable, de présence qui est tout et qui nous prend au plus profond de nous-mêmes.

Il y a là un mystère d'amour, de communication entre les êtres et nous sommes là au plus profond de la vie de l'Eglise. L'Eglise est cette communion au mystère du Christ, cette communion au mystère de l'amour. L'Eglise n'est que cela. L'Eglise dans son fond est présence à Dieu, présence invraisemblable. Nous pouvons nous demander si nous sommes vraiment fidèles au Seigneur car l'acte que vient de poser Sœur X... nous concerne tous. Cet acte nous fait poser la question pour savoir si l'Esprit-Saint existe pour nous, si nous y sommes fidèles et si l'Esprit est vraiment le cœur de notre vie.

Sommes-nous fidèles à cet être mystérieux que certains ne connaissent pas ou dont ils pensent ne pas en avoir entendu parler et qui est cependant le cœur de la vie chrétienne ? Vivre de l'Esprit. Se laisser prendre par l'Esprit. Puisqu'il s'agit d'une histoire d'amour, le Seigneur nous demande de nous laisser ouvrir le cœur pour que nous puissions lui répondre. Il n'est là que pour lui répondre. Le Seigneur est à la poursuite de sa créature pour lui demander son amour, pour mendier son amour, pour quêter son amour, parce qu'il est le Seigneur des Seigneurs, parce qu'il veut notre bonheur, parce qu'il veut notre splendeur en Dieu. Il y a quelque chose d'invraisemblable dans cette recherche de Dieu sur nous : Dieu nous cherche, Dieu nous demande tout, Dieu nous appelle à lui. La réponse de Sœur X.... n'est pas seulement pour elle, elle est pour nous tous parce que nous sommes engagés dans le même mystère. Nous sommes complémentaires les uns des autres. Nous sommes frères les uns des autres, frères et sœurs, pris dans le même amour. Nous avons à demander au Seigneur la joie, le bonheur, la vérité. C'est une chose que nous commençons à ne plus connaître avec ces guerres, ces souffrances, ces atrocités, avec ce monde à la dérive. Mais derrière tout cela, il y a quelqu'un, quelqu'un qu'il nous faut connaître davantage, c'est le Seigneur, c'est le Saint-Esprit. Il faut demander au Seigneur d'entrer dans son mystère, de le découvrir comme on découvre un être nouveau, tout nouveau, un être incomparable parce ce que ce n'est pas seulement l'amour d'un homme mais de Dieu lui-même dans sa communication d'amour. Nous sommes pris dans ce mouvement d'amour qu'il y a entre le Père et le Fils. Nous sommes pris dans la plénitude de l'amour.

Le mesurons-nous ? Notre présence à l'eucharistie signifie-t-elle une entrée dans le mystère de Dieu qui nous dépasse infiniment et qui est au-delà de tout ce que nous imaginons ? Dieu est infiniment bon. Dieu est la joie infinie. Dieu est l'amour infini. Dieu est la vérité infinie. Il faut que nous la découvrions et qu'elle fasse éclater en nous cette paix et cette joie. Il faut découvrir le Seigneur comme le Seigneur seul peut le faire. La paix soit avec vous. Le Seigneur n'a rien d'autre à nous dire. Il veut notre bonheur, la plénitude de notre bonheur, la plénitude de notre joie. Dieu est un être qui est là au plus profond de nous-même pour que la joie éclate, pour que l'amour éclate, pour que la vérité éclate.

Alors nous avons à nous laisser faire, à ouvrir notre cœur. Certes ce n'est pas chose facile, les chemins du Seigneur sont quelquefois déconcertants et déroutants. Mais si nous avons confiance, ils sont merveilleux. Le Seigneur est le Merveilleux, le Merveilleux de son Père, le Merveilleux qui nous donne la splendeur d'amour qu'il y a entre le Père et le Fils. Nous sommes conviés à la joie, à la paix. « *La paix soit avec vous ! Comme le Père m'a envoyé, moi aussi je vous envoie.* »

Nous sommes tous envoyés dans le monde. Nous sommes comptables devant le monde de notre paix et de notre joie. Nous avons à le manifester. Nous avons à en témoigner. Nous sommes des témoins, nous devons être fidèles. Nous sommes sans doute de pauvres témoins mais le Seigneur manifeste, à travers les pauvres êtres que nous sommes, sa splendeur et ce qu'il est ; il est celui qui aime. Le Seigneur est plus intime à nous-mêmes que nous-mêmes : il nous aime et il nous appelle à marcher à pas d'amour dans la foi. Ce n'est pas une formule sans signification, c'est notre vie en marche, en marche de plus en plus profonde vers celui qui nous ouvre le chemin.

Il nous dit : « Suis-moi ». Sœur X… a entendu ce suis-moi et nous l'avons entendu également car nous avons tout en commun. Il y a une multiplicité de vocations. La question est de répondre à chacune de ces vocations c'est-à-dire à celle que le Seigneur veut pour chacun d'entre nous. Nous avons besoin d'amour pour nous laisser prendre par ce dessein de Dieu qui est sur nous. Si Dieu mendie l'amour, je dirai que notre cœur mendie plus encore cet amour et nous appelle à entrer en lui. Dieu est-il pour vous l'Etre le plus extraordinaire qui soit ? Est-il vraiment votre vie, votre force, votre lumière, votre paix ? Est-il votre tout ? Est-il engagé au plus secret de vous-mêmes ? Ménagez-lui la place qu'il réclame de vous, qu'il vous demande par sa Passion et sa Résurrection, qu'il vous demande dans le Saint-Esprit ! Le geste que vient de faire Sœur X… est grand de la grandeur de l'amour de Dieu et il est humble de l'humilité de notre terre : c'est la réalité vivante du Seigneur. Le Seigneur s'est incarné, lui le transcendant, lui l'au-delà de tout. Il est venu sur notre terre pour nous aimer, nous rencontrer dans les sacrements, nous rencontrer dans tous les événements de notre vie, nous rencontrer pour que nous l'aimions et que nous chantions sa gloire.

Que cette Eucharistie soit un chant d'amour au Seigneur ! Le Seigneur ne demande que cela. Il désire que nous soyons bénédiction, que la bénédiction éclate dans notre cœur, que nous répondions au Seigneur avec tranquillité, simplicité, amour et joie. La bénédiction ! Savez-vous bénir le Seigneur de ce qu'il a fait et de ce qu'il fait dans votre vie ? Oui, savons-nous bénir le Seigneur à travers la souffrance, à travers les difficultés, à travers tout, y pensons-nous ? Demandons au Seigneur d'entrer dans cet amour humblement, pauvrement mais du plus profond de notre cœur. Le cœur de Dieu est plus grand que le nôtre. Il nous aime à l'infini. Laissez-vous aimer. Je n'ai pas d'autre conseil à vous donner aujourd'hui. Laissez-vous aimer et vous verrez que le Seigneur est plus étonnant que vous n'imaginez. Demandons au Seigneur de guider notre vie et d'entrer dans chacune de nos vies par la porte qu'il voudra, comme il le voudra. Amen !

Dimanche de la Sainte Trinité

Deutéronome 4, 32-40 Romains 8, 14-17
Matthieu 28, 16-20

Nous célébrons aujourd'hui la fête de la Sainte Trinité, c'est-à-dire la fête du Père, du Fils et du Saint-Esprit. Ces trois personnes divines ne se réservent rien pour elles mais sont données l'une à l'autre dans l'amour, ne vivent que d'amour et ne sont qu'amour pour nous. Le mystère étonnant de notre religion est ce mystère de la Trinité. Il est le mystère le plus profond qui soit, le plus indicible qui soit et en même temps le plus proche car si nous vivons du Seigneur, c'est grâce au Saint-Esprit. Nous sommes branchés sur la Trinité : nous sommes pris dans ce mystère. Croyez-vous que vous vivez de l'amour de la Trinité ? Croyez-vous vraiment que la vie de la Trinité est l'essentiel de votre vie, ce qu'il y a de plus profond, de plus donné, de plus libre, de plus gratuit, de plus étonnant, de plus mystérieux ? Croyez-vous que lors de votre baptême vous avez été plongés dans l'amour et que l'amour de Dieu vous a pris, vous a saisis et depuis vous a transformés et transfigurés ? Pensez-vous souvent à votre baptême, à ce que vous êtes et à votre devenir dans le Seigneur ? Vous réjouissez-vous de ce que Dieu est Dieu, de ce que Dieu est vraiment cet ineffable plein de charité, plein d'amour ? Acceptez-vous la volonté de Dieu sur vous, acceptez-vous ce qu'il attend de vous ? Etes-vous prêts à raviver en vous la plénitude de l'amour que le Seigneur veut pour vous ?

Si le Seigneur nous a donné l'Esprit, c'est pour que nous puissions dire : « Abba ! Père ! », c'est pour qu'il y ait en nous cette communion intense, invraisemblable qu'il y a entre le Père et le Fils. La fin de tous les dons de Dieu, c'est que nous soyons unis entre nous d'une unité semblable à celle du Père et du Fils. C'est là qu'est la source, c'est de là que nous sommes emportés pour vivre notre vie. Il faut demander au Seigneur d'entrer dans ce mystère permanent puisque le Seigneur est avec nous jusqu'à la fin du monde comme il nous l'a promis. Soyons tout dociles à cet amour, acceptons d'être malaxés par cet amour. Je ne dis pas que cela soit chose facile. Le monde ne nous a jamais appris à aimer dans l'histoire, mais c'est ce que le Seigneur veut : il veut que nous apprenions à aimer du plus profond de notre cœur, à aimer comme lui, Jésus, nous a aimés, de la même manière, avec le même amour, avec la même vérité, avec la même transparence. « *Je suis avec vous tous les jours jusqu'à la fin des temps* »

Le deutéronome nous dit : « *Est-il un dieu qui ait entrepris de se choisir une nation, de venir la prendre au milieu d'une autre, à travers des épreuves.... comme tu as vu le Seigneur ton Dieu, le faire pour toi en Egypte ?* » Si vous êtes là, c'est que vous voulez être les disciples du Seigneur. Ce qu'il faut désirer c'est être disciples jusqu'au bout. Ce n'est pas facile, car le Seigneur prend tout, le Seigneur demande tout. Le Seigneur demande ce qui nous est le plus cher, ce qui est au plus profond de nous-mêmes. Il veut tout dans l'amour. Aimer est le mot qui résume la Trinité. Nous avons à découvrir ce qu'est véritablement aimer. Cela suppose que nous nous oublions, que nous nous désapproprions de nous-mêmes, que nous fassions passer les intérêts des autres avant nos propres intérêts, que nous nous laissions prendre par cet amour qui n'est que don. Il y a plus de joie à donner qu'à recevoir. Alors, laissons-nous prendre jusqu'au bout de notre être, jusqu'au bout de l'amour.

Enfin s'il restait encore quelque chose à demander au Seigneur, c'est qu'il entre pour de bon en nous, qu'il fasse de nous des êtres nouveaux qui se réjouissent de ce que Dieu est Dieu ; qu'il fasse que nous soyons pris dans la réalité de l'amour de Dieu. Acceptons-nous d'être pris par le Seigneur à quelque prix que ce soit ? Acceptons-nous cette mise en cause du Seigneur, du choix qu'il a fait pour nous en nous engageant dans le baptême ? Le ratifions-nous chaque jour et à chaque instant ? Vivons-nous de la réalité invraisemblable qui est l'amour du Père et du Fils, qui nous appelle à aimer et à garder tous les commandements du Seigneur ?

Le Seigneur nous demande de nous aimer les uns les autres. Demandons au Seigneur d'être en cela de vrais disciples. Nous avons à manifester au monde cet amour fraternel, nous avons à le présenter au monde, nous avons à en vivre. Dans certaines occasions, le Seigneur nous le demande de façon très explicite. Rappelons-nous la collecte de Paul à Jérusalem. Je suis un peu dans ce cas-là ; aujourd'hui pour ces sœurs dont la congrégation se développe, je vous demande, au nom du Seigneur de donner ce que vous pouvez du fond du cœur. Donnez humblement, simplement, pauvrement peut-être, mais donnez. Certes le geste matériel est important mais ce qui l'est plus encore c'est ce qu'il traduira en votre cœur de joie et de paix. Que vous soyez des êtres d'amour qui manifestent l'épiphanie du Seigneur, la splendeur de l'amour de Dieu ! Donnez parce que le Seigneur est don. Il vous donnera infiniment au-delà de ce que vous donnerez et votre récompense sera grande dans les cieux.

Demandons ensemble que les hommes manifestent qu'ils s'aiment et demandons que toutes les nations soient disciples du Seigneur. Mais il faut que cela se passe dans nos cœurs. Que cette eucharistie soit une manifestation de notre amour, de notre présence et de tout ce qu'il y a de plus profond dans nos cœurs. Le Seigneur est le Seigneur. Il est capable de faire des merveilles, il en fera dans vos cœurs et vous serez étonnés de ce qu'il est. Amen !

Le Saint-Sacrement du Corps et du Sang du Seigneur

Exode 24, 3-8 Hébreux 9, 11-15 Marc 14, 12-26

L'Eglise est comme une épouse, elle ne cesse de se remémorer les paroles qui sont à l'origine de son amour. Elle fait mémoire de ce qui est au cœur de son existence, de ce qui la constitue, de ce qui la fait être elle-même. Le texte de saint Marc aujourd'hui nous met devant la réalité fondamentale de l'Eglise : *« Prenez ceci est mon corps ». Puis prenant la coupe et rendant grâces, il la leur donne, et tous en boivent. Et il (le Christ) leur dit : « Ceci est mon sang, le sang de l'alliance répandu pour la multitude »*. Le cœur de l'évangile est ce don que le Seigneur fait de lui-même pour nous tous. Il nous prend dans sa miséricorde et dans sa vérité. Il nous prend dans sa vie. Il nous fait communier à sa vie. Il nous place au cœur de l'alliance réalisée par le don de son propre sang.

L'exode nous parle aussi de l'alliance : *« Moïse prit le sang du sacrifice, en aspergea le peuple, et dit : « Voici le sang de l'alliance que, sur la base de toutes ces paroles, le Seigneur a conclue avec vous »*. Mais le Christ, lui, nous donne l'alliance définitive, l'alliance nouvelle, l'alliance même du Seigneur. : le sang de l'alliance répandu pour la multitude c'est-à-dire pour tous. Nous avons à découvrir ce mystère de vérité et de don que nous rappelle la lettre aux Hébreux : *« Poussé par l'Esprit éternel, Jésus s'est offert lui-même à Dieu comme une victime sans tache ; et son sang purifiera notre conscience des actes qui mènent à la mort pour que nous puissions célébrer le culte du Dieu vivant »*.

Si l'Eglise célèbre, ce n'est pas pour une pratique extérieure ou pour une consolation intérieure, c'est pour être fidèle au mystère du Seigneur qui est notre médiateur car il est vraiment mort pour nos fautes et il nous ouvre les portes du ciel. Il y est rentré avec son corps ressuscité, il est rentré dans le sanctuaire céleste et il est désormais auprès du Père. Etre auprès du Père c'est tout le mystère que nous avons à célébrer, être auprès du Père c'est être pris avec le Christ dans une vie cachée en Dieu et qui nous prend jusqu'au plus profond de nous-mêmes. Il faut offrir nos personnes en sacrifice d'action de grâces comme nous y exhorte saint Paul.(cf Ro 12). C'est ce que nous sommes appelés à faire : nous donner comme le Christ, nous livrer comme le Christ en sacrifice d'action de grâces. Nous livrer à ce culte qui est le culte en esprit et en vérité, le culte de Dieu, le culte mené à sa perfection qui est le culte même du Christ.

Nous avons à vivre de la vie du Christ au plus profond de nous-mêmes. Nous avons à en témoigner, mais nous avons d'abord à en vivre jusqu'au fond de notre être, en nous laissant découvrir cet amour infini qui est à notre recherche et que le Seigneur n'a cessé de proclamer. Il faut laisser l'amour du Seigneur pénétrer nos vies. C'est par cette imprégnation de nos vies par la vertu du sang du Christ que nous devons répondre à l'amour de Dieu, que nous pouvons célébrer le culte du Dieu vivant car finalement toutes les célébrations de l'ancienne alliance, tout ce passé n'a de sens que pour cette célébration du culte du Dieu vivant. Dans l'eucharistie, nous allons célébrer le don même du Seigneur.

Nous rendons grâces au Seigneur de ce qu'il est et de ce qu'il fait. Nous rendons grâces au Seigneur qui est innomable, ineffable, au-delà de tout ce que nous pouvons imaginer. Il est Dieu, le Dieu éternel qui a envoyé son Fils, lui qui se donne à nous dans le sacrement de son corps et de son sang. Nous concluons le mouvement d'amour par lequel le Christ se donne en disant Amen. Il faut se laisser prendre par ce mouvement intérieur qui est un mouvement d'action de grâces, de joie et de paix, un mouvement d'amour. Il n'y a rien d'autre finalement dans la réalité du monde que cette réalité fondamentale de l'alliance nouvelle. Il n'y a rien d'autre que cette joie et cette paix communiquées de l'intérieur par le Seigneur qui nous mettent devant le Seigneur comme des témoins fidèles. Le Christ est le témoin fidèle et nous avons à être des témoins fidèles. Nous avons à rentrer dans ce sacrifice. Que ce mot ne vous effraie pas. Il s'agit vraiment de la réalité du mystère de l'amour de Dieu et cet amour est infini et cet amour est miséricorde. Il n'est de vérité que dans la miséricorde. Quelles que soient nos fautes, nous savons que nous avons quelqu'un qui nous sauve, c'est le Seigneur. Et nous avons un paraclet, c'est le Saint-Esprit.

Nous avons à nous laisser prendre par cet amour du Seigneur. Nous avons à chanter cet amour, à le chanter du plus profond de notre cœur. Notre cœur doit chanter de joie comme la fiancée se réjouit à la pensée des paroles qui la constituent et la mettent dans la vérité de Dieu. Il s'agit de laisser le Seigneur transformer notre cœur, nous prendre au plus profond de nous-mêmes. Le Seigneur nous veut tout à lui. Il nous veut tout entier à lui : *« Tu aimeras le Seigneur de tout ton cœur de toutes tes forces, de toute ton âme et de tout ton esprit* »(Dt 6,4). Tout, tout, tout. Le Seigneur nous demande tout mais dans l'amour et dans la vérité. Nous devons demander au Seigneur de partager la coupe ; c'est d'ailleurs ce qu'il nous donne. Il nous demande de partager avec lui ce pain et cette coupe. Ceux-ci sont vraiment le cœur de notre vie. Cette coupe doit se répandre dans toute notre vie et nous ouvrir à la charité la plus totale, la plus réaliste, la plus profonde, la plus simple et la plus humble. Le Seigneur ne nous demande pas des choses extraordinaires, ou plutôt si, il nous demande les choses les plus extraordinaires qui soient, mais il nous les demande dans la simplicité la plus authentique qui soit.

Dans l'Eucharistie que nous allons célébrer, nous serons avant tout action de grâces pour ce que Dieu a fait, pour ce qu'il fait, pour ce qu'il fera. Action de grâces pour l'amour qu'il nous porte, pour l'amour qu'il nous donne, pour le don qu'il nous fait. Il n'y a rien de comparable à : *« Ceci est mon corps, ceci est mon sang »*. C'est le cœur de l'Eglise, c'est le cœur de son mystère et nous avons à y penser humblement. L'Eglise ne fait que cela ; la fête d'aujourd'hui est là pour nous rappeler ce mystère insensé. Le Seigneur nous aime à la folie. Il faut que nous comprenions que cela seul fait le cœur de notre vie. Le Seigneur nous appelle à l'amour le plus fou qui soit. Il faut partir dans cette aventure avec le Seigneur. Il nous ouvre son être, il nous ouvre son cœur, il nous ouvre tout ce qu'il est lui-même. Nous avons à nous ouvrir à cet amour. Tout est déjà donné. Mais nous avons à le recevoir humblement, dans la charité de Dieu et nous chanterons du plus profond de notre cœur, cette joie, cette béatitude d'être dans le mystère de Dieu. Le Seigneur est béatitude et amour. Nous le serons, nous aussi, si nous laissons le Seigneur nous prendre. C'est un chant d'action de grâces que nous chantons pour la Passion du Christ et pour sa Résurrection. Nous sommes pris dans ce mystère de mort et de résurrection. La joie de Dieu est en nous, la paix de Dieu est en nous. Demandons au Seigneur d'être pour tous les hommes un signe de bénédiction et d'amour, une épiphanie de l'amour de Dieu ; alors nous pourrons répondre au Seigneur que nous sommes fidèles dans Celui qui est Fidèle, le Christ notre Seigneur. Amen !

Fête du Sacré-Cœur de Jésus

Osée 11, 1-9 Ephésiens 3, 8-19 Jean 19, 31-37

Nous avons dans ces textes que nous venons de lire, le plus beau chant d'amour qu'il y ait dans l'histoire de l'humanité : l'amour de Dieu pour son peuple, l'amour de Dieu prévenant pour nous tous : « *J'ai aimé Israël depuis son enfance, et, pour le faire sortir d'Egypte, j'ai appelé mon fils* ». Ecoutez ce chant de tendresse inouïe de Dieu qui, cependant, ne trouve pas de réponse à son amour : « *C'est moi qui lui apprenais à marcher, en le soutenant de mes bras, et il n'a pas compris que je venais à son secours. Je le guidais avec humanité, par des liens de tendresse ; je le traitais comme un nourrisson qu'on soulève tout contre sa joue ; je me penchais vers lui pour le faire manger. Mais ils ont refusé de revenir à moi : vais-je les livrer au châtiment ?* »

Ce dialogue entre Dieu et son peuple renferme toute l'histoire de l'humanité. C'est un dialogue de tendresse qui dépasse toute mesure, qui pourtant demeure au fond du cœur de chacun d'entre nous, qui traverse l'Eglise et le monde pour les rendre semblables au mystère du Fils. « *J'ai appelé mon Fils* ». Il s'agit, en effet, de découvrir ce mystère de filiation, ce mystère d'amour, ce mystère d'infinie tendresse, de tendresse même inconcevable puisque c'est la tendresse même de Dieu. Et ce qui est extraordinaire, c'est que pour nous dire cette tendresse, Dieu n'a trouvé qu'une chose : que son corps de chair dans l'Incarnation soit ouvert. Le corps du Christ a été ouvert par la lance. Le côté du Christ a été transpercé et tout le mystère de Dieu sort de là. C'est tout le mystère de Dieu qui aime, qui se livre jusqu'au bout, qui se donne jusqu'au bout. C'est le don le plus absolu qui soit. Le don du mystère trinitaire est le cœur ouvert. Ce n'est pas une image, c'est une réalité. C'est la réalité la plus profonde qui soit, la réalité de l'amour.

Dieu, c'est un cœur ouvert. Un cœur ouvert qui rend tout possible. Tout peut être trahi humainement, tout peut être détruit humainement mais l'amour de Dieu subsiste. Il est premier. Il nous porte, il nous transforme. Il nous garde. Nous avons à découvrir cet amour, cet amour qui jaillit du corps du Christ et qui se répand dans toute l'Eglise. « *Il sortit du sang et de l'eau* ». C'est à la fois le mystère de l'amour et le mystère de l'Eglise qui va répondre à l'amour du Christ. C'est dans ce cœur ouvert que tout se trouve. C'est dans ce cœur ouvert que se livre la plénitude du mystère que le Seigneur veut nous révéler. C'est un témoignage que nous avons de Jean : « *Celui qui a vu rend témoignage afin que vous croyiez vous aussi. Son témoignage est véridique, et le Seigneur sait qu'il dit vrai* ». Un cœur ouvert ! Le cœur ouvert ! Il n'y en a pas d'autre. Je précise bien qu'il ne s'agit pas d'une image mais bien de la réalité la plus profonde qui soit, la réalité la plus totale qui soit : l'infini de l'amour.

Ce qui, chez Osée, n'était qu'une image, devient la réalisation de toute l'Ecriture, de tout le dessein d'amour qui apparaît dans la splendeur que seul le Seigneur peut faire. « *Aucun de ses os ne sera brisé...Ils lèveront les yeux vers celui qu'ils ont transpercé* ». Nous devons regarder ce cœur ouvert qui se livre, qui se donne tout entier, qui se donne jusqu'au bout. Dieu n'est que don total, absolument total, sans bavure. Ce don éternellement de Dieu nous pénètre jusqu'au plus profond de nous-mêmes. C'est la Trinité qui se dévoile. C'est le mystère du Père, du Fils et de l'Esprit qui se dévoile et rien n'est plus merveilleux que cette découverte.

C'est pourquoi, vous avez entendu Paul vous dire avec puissance : « *Moi qui* suis *le dernier de tous les fidèles, j'ai reçu la grâce d'annoncer aux nations païennes la richesse insondable du Christ et de mettre en lumière le contenu du mystère tenu caché depuis toujours en Dieu, le créateur de toutes choses*». C'est vraiment le secret du monde et de l'humanité qui nous est dit, de l'humanité malmenée, prise dans le péché, prise dans la misère mais que Dieu transfigure dans son cœur, dans son projet éternel qui est le Christ lui-même. C'est le Christ qui nous donne d'accéder dans la confiance auprès de Dieu. Nous sommes vraiment dans la découverte de la paternité de Dieu. Cette paternité nous pénètre jusqu'au fond de notre être. Nous dépendons de cette paternité. Nous ne vivons que de cette paternité. Avec Paul, nous ne pouvons *« que tomber à genoux devant le Père, qui est la source de toute paternité au ciel et sur la terre »*.

En cette fête du Sacré-Cœur, en cette fête où le cœur du Christ s'ouvre comme l'écrin le plus inouï qui soit, il faut écouter Paul et faire comme ce qu'il nous dit : *« Que le Christ habite en vos cœurs par la foi ; restez enracinés dans l'amour, établis dans l'amour*». Prenons conscience que tout est pris dans le mystère de Dieu, que la largeur, la longueur, la hauteur, la profondeur de l'amour du Christ sont manifestes dans l'Eglise, sont manifestes au cœur du monde. Il s'agit de connaître l'amour du Christ qui surpasse toute connaissance. Alors nous serons comblés et nous entrerons dans la plénitude de Dieu. C'est vraiment l'infini de l'amour de Dieu qui est là, l'infini de la puissance de Dieu, l'infini de sa gloire.

La fête du Sacré-Cœur chante cet amour avec une solennité, avec une simplicité, avec une tendresse incomparables. L'amour de Dieu est plus puissant que tout. Il peut tout transfigurer, il peut tout transformer, il est lumière et amour. Nous avons à demander du plus profond de notre cœur de connaître, au sens où l'entend saint Paul, c'est-à-dire dans une intimité totale, de connaître l'amour du Christ qui surpasse tout ce qu'on peut connaître.

Nous avons à demander au Seigneur d'être comblés par Dieu. Demandons-nous au Seigneur d'être comblés par Dieu, comblés de sa plénitude, comblés de tout ce qu'il est, comblés de cet amour qui est vraiment à la recherche de l'humanité depuis toujours ? Il ne fait que cela. Il est fou de l'humanité et il recherche cette humanité jusqu'à se donner jusqu'au bout, jusqu'à se donner sur la croix. Que ces écrits soient pour vous des textes que vous méditiez par prédilection, avec cet amour et cette tendresse qui sont dans le cœur de Dieu. Méditez ces textes et laissez-les pénétrer en vous pour faire de vous des êtres nouveaux, des êtres qui ont vu de leurs yeux celui qu'ils ont transpercé ! Nous avons tous transpercé le cœur du Seigneur mais le Christ est venu, et comme nous l'a dit Osée, il ne vient pas pour nous livrer au châtiment, il vient pour nous sauver : le Christ n'a cessé de nous le dire.

Dans l'eucharistie que nous allons célébrer, nous allons demander au Seigneur de devenir des êtres sauvés par l'amour, par la plénitude de l'amour, sauvés par cette largeur, cette longueur, cette hauteur, cette profondeur. On ne peut pas imaginer autre chose. Tout s'explique par l'amour du cœur du Christ. Tout s'explique par là. L'homme intérieur en nous doit être renouvelé par la puissance de l'Esprit. Il s'agit de demander au Seigneur de nous mener par le chemin qu'il veut pour que nous connaissions son amour qui surpasse tout ce qu'on peut connaître.

Que votre joie soit parfaite, que votre joie soit celle même du Seigneur ! La joie du cœur ouvert ! Le Seigneur est dans la joie de se livrer totalement à l'amour de son Père pour nous sauver. Laissons-nous sauver et nous connaîtrons la gloire de Dieu. Il n'y a pas d'autre gloire que ce sauvetage. Laissons-nous sauver et nous chanterons dans l'eucharistie cet amour ineffable, cet amour qui surpasse toute connaissance. Amen !

Treizième dimanche du temps ordinaire

Livre de la Sagesse 1, 13-24 - 2 Corinthiens 8, 7-15 Marc 5, 21-43

Les textes que l'Eglise nous donne aujourd'hui sont en parfaite consonance avec le baptême auquel nous allons participer. Il s'agit de la Vie, de la vie en plénitude, de la vie qui jaillit du cœur du Christ qui imprègne tout notre être. Cette vie est la vie éternelle, la vie même de Dieu. Ce baptême doit nous remettre en mémoire notre propre baptême ; il doit nous faire mesurer les exigences de notre baptême. Nous sommes, en effet, pris dans le mystère du Seigneur pour lui être fidèles et correspondre à ce qu'il veut.

Nous sommes faits, comme le dit le livre de la Sagesse, pour une vie impérissable, pour une vie qui ne finit pas, pour une vie marquée par le sceau du Seigneur et totalement lumineuse. Vivre de la vie de Dieu ! Nous voyons bien ce que signifie vivre la vie de Dieu en voyant Jésus-Christ ressusciter la fille du chef de la synagogue. Il le fait avec une simplicité étonnante qui montre bien qu'il est le maître de la vie et de la mort et qu'il nous fait partager sa vie. On a beau se moquer de lui, il lui suffit de dire : « *Talitha koum ; ce qui signifie : Petite fille, je te le dis, lève-toi* » pour qu'aussitôt cette jeune fille se lève et se mette à marcher. Tout le monde est bouleversé et ne sait plus que faire mais le Christ, merveilleusement humain, leur dit de la faire manger. Il est d'une simplicité et d'une transparence étonnantes avec nous. Il n'a jamais été si proche que dans les moments où il accomplit de tels miracles.

Le Seigneur nous demande de redécouvrir le sens de notre baptême ; cela nous pose la question de savoir si nous avons été transformés au plus profond de nous - mêmes et si nous nous sommes laissés emporter par cette vie. Cette vie est une vie nouvelle, c'est la vie même de Dieu. Croyez-vous que la vie de Dieu est en vous ? Croyez-vous qu'elle est si profondément ancrée en vous qu'elle vous appelle à témoigner de l'évangile ? Etes-vous vraiment partie prenante de cette vie éternelle ? Croyez-vous que c'est la vie par excellence et qu'elle s'épanouira dans la vision éternelle ? Nous verrons Dieu face à face !

Au moment de ce baptême, nous devons penser à cet appel du Seigneur à le voir. Nous le verrons. Nous croyons au ciel. Nous sommes des hommes extraordinaires parce que nous croyons, malgré les tempêtes, malgré les cruautés, malgré les difficultés de cette vie. Nous croyons au Seigneur. Nous croyons que Dieu existe et qu'il nous prendra près de lui. Nous avons à nous laisser façonner par cette réalité. A chacun d'entre nous le Seigneur dit : *« lève-toi »*. Nous nous levons dans la foi. La foi est ce don total qui nous éclaire, qui nous illumine pour nous faire entrer dans le mystère de Dieu. Le néophyte qui sera baptisé tout à l'heure pénètrera dans l'Eglise qui est le mystère de la présence de Dieu parmi les hommes et nous nous laisserons prendre avec lui par la vie du Christ, la même vie que Jésus-Christ a communiquée en ressuscitant la jeune fille du chef de la synagogue. Croyez-vous que la seule chose importante dans votre existence soit la vie de Dieu ? Croyez-vous qu'elle est capable de vous donner le bonheur que personne ne peut vous donner sur terre, qu'elle est capable de vous donner la vie éternelle ? Croyez-vous à cette vie qui va s'épanouir et qui fait que cet homme que nous connaissons, nous le rencontrerons dans la gloire, la joie et la paix ayant triomphé du mal grâce à la mort et à la résurrection du Christ ? Laissez-vous faire par cet amour ?

Si nous mesurons bien tout ce que le Seigneur nous demande, notamment tout ce qui touche à la vérité, nous ne pouvons que lui demander d'être fidèles. Ce néophyte que nous allons baptiser maintenant appartient au Seigneur, il est don de Dieu ; il nous reviendra de faire grandir en lui le mystère du Seigneur, ce mystère de présence du Seigneur, de correspondance à sa vie, de réponse à son aspiration et à ses impulsions.

Dans l'Eucharistie, nous demanderons au Seigneur d'entrer au plus profond de nous-mêmes, de découvrir tout ce qui nous manque et tout ce que le Seigneur nous appelle à vivre. Nous sommes appelés à vivre la vie impérissable qui est déjà en action dans nos vies. Il s'agit pour nous d'y croire à l'infini ; cela bousculera nos vies jusqu'à ce qu'elles soient transformées. Pour cela il faudra peut-être se laisser briser, broyer par le Seigneur mais l'essentiel est qu'il rende nos êtres fidèles. Demandons au Seigneur d'entrer dans cette vie éternelle qui est là, présente en nous et agissante dans notre amour, dans notre vérité, dans notre charité.

Quand nous confesserons notre foi, nous reprendrons tous ce qu'il y a au plus profond de nous-mêmes et ce sera la confession des enfants de l'Eglise. Puis nous dirons au Seigneur tout ce que nous attendons de lui et à quel point nous voulons recevoir la paix, la joie, la vérité et la lumière. Nous serons des êtres nouveaux avec le baptisé c'est-à-dire que nous serons renés du Christ et tout sera merveilleux. Le Seigneur aime chacun de nous personnellement, demandons-lui que cet amour repose sur chacun de nous et que la joie de Dieu soit en nous. Amen !

Quatorzième dimanche du temps ordinaire

Ezéchiel 2, 2-5 2 Corinthiens 12,7 –10 Marc 6, 1-6

Il y a dans l'évangile des paroles étranges qui sont pourtant dans le cœur même du mystère du Christ : *« Il ne put accomplir aucun miracle ; il guérit seulement quelques malades en leur imposant les mains. Il s'étonnait de leur manque de foi »*. Jésus-Christ s'étonne qu'on ne le reconnaisse pas. Il s'étonne que ceux de son pays ne voient pas ce qu'il est à travers tout ce qu'il fait. Dans sa ville, Jésus-Christ rencontre l'opposition, il rencontre l'incompréhension *: « D'où cela lui vient-il ? Quelle est cette sagesse qui lui a été donnée, et ces grands miracles qui se réalisent par ses mains ? N'est-ce pas le charpentier, le fils de Marie, et le frère de Jacques, de José, de Jude et de Simon ? »* Il se passe un scandale, pour eux il n'y a pas d'autre mot. Cet homme qu'ils ont connu depuis son enfance est soi-disant un prophète qui parle avec autorité, et avec une autorité qui s'impose fortement et qui enseigne de façon toute nouvelle des hommes bien engagés dans le jusdaïsme.

Le Christ nous révèle la raison de leur hostilité : c'est le fait d'être entièrement pris par le mystère du Père et d'être dans une condition humaine fragile. Le Christ est un homme, un homme comme nous. C'est cela qui met en cause tout le mystère du Seigneur : ils ne veulent pas reconnaître dans cette faiblesse, la réalité même du mystère de Dieu sauvant les hommes par la faiblesse, venant vers eux et venant triompher au milieu d'eux de leurs propres faiblesses.

La faiblesse de Dieu, c'est la force de Dieu. La faiblesse de Dieu, c'est le mystère le plus profond qui soit. Notre foi est mise en question par cette attitude « *d'où cela lui vient-*

il ?» Nous savons que Jésus est le Fils de Dieu, nous savons qu'il s'agit de son mystère divin mais il nous faut le reconnaître et le confesser dans la foi et la charité.

C'est aussi ce que nous dit Paul. Paul a une vie tellement exceptionnelle et cependant il porte une écharde en sa chair, sans doute une maladie. Le Seigneur lui dit qu'il ne l'en délivrerait pas : *"Ma grâce te suffit ; ma puissance donne toute sa mesure dans la faiblesse* ». Il est extraordinaire d'entendre cette parole qui résume tout le mystère de Paul. Tout repose sur la grâce que le Seigneur lui donne et tout repose sur la faiblesse dans laquelle se trouve Paul. Il reconnaît qu'il a écrit aux Corinthiens dans une situation de faiblesse, il reconnaît qu'il n'a pas été reconnu dans telle communauté, mais il a en lui la puissance de Dieu et c'est cette puissance qui triomphe. C'est dans cette faiblesse que la puissance de Dieu se manifeste en lui. Et c'est de grand cœur qu'il accepte pour le Christ les faiblesses, les insultes, les contraintes, les persécutions et les situations angoissantes. « *Car lorsque je suis faible, c'est alors que je suis fort* ».

Au cœur de l'évangile, il y a cette acceptation de la faiblesse de la condition humaine, cette faiblesse qui apparaît si déroutante lorsqu'elle est assumée par Dieu. Elle est déroutante pour nous mais elle nous met devant le mystère de Dieu : le Seigneur nous aime à travers notre faiblesse et à travers notre propre misère. Il nous saisit au creux même de notre misère, il l'a prise sur lui et il en a triomphé.

Nous devons, nous aussi, être forts dans la faiblesse et y découvrir le mystère de Dieu dans sa plénitude qui est cette présence au cœur de la faiblesse du Christ qui va aller à la mort et qui va ressusciter. La faiblesse dont parle saint Paul, c'est la faiblesse qui, dans le Christ, s'est manifestée par la mort sur la croix. C'est là que se dévoile la puissance de Dieu.

Nous avons besoin de recevoir cette puissance au plus profond de nous-même pour être transfigurés par le Seigneur et transformés dans son mystère. Le Seigneur peut tout en nous. Il peut faire des miracles à travers nos mains ou en nous-mêmes. Ces miracles ne sont que des signes si nous les acceptons dans la foi et la charité. C'est l'enseignement de saint Paul : « *Quand je parlerais les langues des anges et des hommes, si je n'ai pas la charité, ...cela ne me sert de rien* » (1 Co 13, 1-3).

Il s'agit de vivre de l'amour de Dieu et de se laisser prendre par cet amour qui s'est abaissé jusqu'au bout, jusqu'aux limites extrêmes de l'abaissement, celui de la croix, et qui nous donne de participer, dans la joie, à son abaissement.

Nous avons à nous laisser faire par cette invraisemblable puissance de Dieu qui est la puissance de la charité, qui est la puissance de la vérité, reconnaissant dans le Christ le mystère de Dieu et reconnaissant que le Seigneur est merveilleux, qu'il nous apporte au plus profond de nous-mêmes la guérison. S'il y a si peu de miracles, c'est, je pense, parce que nous ne vivons pas au niveau du Seigneur. Mais nous avons à demander plus profondément que cela, nous devons demander la puissance de Dieu pour que notre cœur soit limpide et plein de joie.

Il ne faut pas que le Seigneur s'étonne de notre manque de foi ou plutôt, osons lui dire : « Seigneur, je manque de foi, Seigneur donne-moi la plénitude de la foi ». Nous serons exaucés car le Seigneur ne refuse jamais de donner la foi à qui la demande du fond du cœur. Il veut donner une foi à transporter les montagnes, une foi qui triomphe de toutes les difficultés du monde et qui soit lumière pour le monde. Amen !

Quinzième dimanche du temps ordinaire

Fête de Saint Benoît

Avec Saint-Benoît, l'Eglise nous invite aujourd'hui à regarder les saints. Les saints ont pris le chemin d'être de vrais témoins du Seigneur, des témoins authentiques, des témoins qui ne recherchent que la volonté de Dieu. Ils sont pour nous des images parfaites de la vie religieuse et Benoît est de ce type. Benoît est le Père des moines d'Occident et en même temps le patron de l'Europe et cela est significatif. Il s'est engagé tellement dans le mystère de Dieu qu'il a été en même temps source pour l'Eglise et pour le monde d'une paix, d'une ouverture et d'une compréhension incessante.

Benoît vit dans une période troublée comme la nôtre et la première chose qu'il fait, c'est de se retirer au désert dans la vallée de Subiaco. Il s'installe dans une grotte pour vivre en ermite, pour vivre seul, seul avec Dieu, car la vocation monastique réside d'abord dans cette rencontre avec le Seigneur, rencontre directe pour tout lui donner, tout lui offrir et vivre tout entier en lui. La renommée de Benoît se répand vite et on vient à lui pour demander conseils et demandes si bien qu'il devra être le pasteur de communautés, malgré les difficultés et tous les problèmes qui se poseront à lui.

Benoît est d'abord un homme de prière. Cette solitude est d'abord pour la prière. Il se jette dans la prière. Sa prière enveloppe le monde entier et c'est ce dont nous avons le plus besoin. La prière est au cœur de notre vie chrétienne et elle nous appelle à nous situer au cœur du mystère de Dieu pour rencontrer les hommes.

Une vocation de prière, de don total au Seigneur, de don total dans la vérité, dans la simplicité, dans le travail quotidien. Si Benoît a été déclaré par l'Eglise, Patron de l'Europe, cela tient au fait que cette vocation de travail en profondeur, de travail humble, pauvre est une des leçons les plus importantes que le monachisme donne au monde. Les vertus les plus humbles sont également les plus profondes, celles qui manifestent le mieux le mystère de Dieu. Il s'est enfoui dans le mystère du Seigneur et cet enfouissement lui a fait rencontrer les hommes. Il les a retrouvés à un autre niveau, à un niveau supérieur, à un niveau de vérité. Comme tous les saints, Benoît vivait de la gratuité de Dieu. Une vocation est toujours un don gratuit, un don inespéré, un don qu'on n'attend pas, un don qui nous prend, qui tombe sur nous, qui nous appelle à le rencontrer, à le rencontrer jusqu'au bout, jusqu'au bout de l'amour.

Une vocation est une vocation à s'enfoncer dans le mystère de Dieu, à être caché dans le mystère de Dieu, caché pour avoir la meilleur place. Le Seigneur appelle pour que le moine demeure au cœur de la vie et tienne pour tous les hommes. Il se met à leur place pour les sauver.

Benoît ne vit pas directement l'apostolat. Ce qu'il vit, ce sont les Béatitudes et les Béatitudes sont le cœur de la vie chrétienne. Benoît nous montre que la vie monastique consiste principalement à vivre des Béatitudes.

Nous avons à demander au Seigneur de rentrer dans ce mystère et de le chanter. Saint Paul chante ce mystère de choix du Seigneur : « *C'est ainsi qu'Il nous a élus en lui, dès avant la fondation du monde, pour être saints et immaculés en sa présence, dans l'amour, déterminant d'avance que nous serions pour Lui des fils adoptifs par Jésus-Christ* ». (Ep 1, 4-5). Nous sommes pris dans ce mystère ineffable qui est la puissance de l'amour, la puissance de la sagesse et de l'intelligence de Dieu.

Dieu nous a tout dévoilé dans le Christ et le moine est celui qui se met, tout simplement, à l'écoute de la Parole de Dieu et essaie de la faire pénétrer dans son cœur, qui se livre tout entier à cette Parole que le Seigneur a dite et qui y croit toute sa vie. Il ne croit qu'à cela et cela suffit. Il ne croit qu'à cette action de grâce qui doit être le fond de son être parce que tout simplement le Christ n'est qu'action de grâces envers son Père, tout tourné vers son Père. Il est tout accueil de son Père et il nous demande d'être, à notre tour, tout accueil de sa vie et toute entrée dans le mystère de Dieu.

Il y a une joie profonde qui jaillit de la vie monastique dont témoignent tous les moines au cours des siècles. Puissance de l'amour, puissance de la sagesse, puissance de l'intelligence de Dieu : connaître le mystère de Dieu !

Sommes-nous prêts à connaître le mystère de Dieu ? Sommes-nous prêts à payer le prix pour connaître le mystère de Dieu, pour le découvrir dans sa vérité, pour entrer dans cette aventure immense de la foi, pour voir la foi se développer en nous et prendre toute sa dimension ?

Croyons-nous vraiment que le Seigneur choisit des hommes pour les appeler à suivre de plus près sa propre personne et à être des témoins de cet amour ? Les moines ne sont que les témoins de cet amour, ils ne sont pas autre chose. Ils sont témoins que l'amour de Dieu saisit le monde entier pour le transformer de l'intérieur. Nous avons à entrer dans cette perspective : cela se fait en menant une vie humble et pauvre, une vie humble et cachée, une vie toute lumineuse de la pauvreté.

Le Seigneur nous fait découvrir que c'est dans la mesure où nous vivons de cette humilité radicale qu'a voulue saint Benoît que nous entrons dans le mystère de Dieu et que nous sommes comblés et que par le fait même, cela rejaillit sur toute l'Eglise, sur tous les hommes. Cela rejaillit parce que tout simplement ces vertus les plus humbles que nous abandonnons facilement comme la constance dans le travail, la simplicité dans le travail, la charité fraternelle, la paix, la joie sont les mêmes que nous avons à réaliser dans notre vie. Vous savez comme moi que ce n'est pas si facile ! Si la vie chrétienne est regardée bien en face, nous nous apercevons qu'elle est dure parce qu'elle nous appelle à suivre le Christ dans la mort et la résurrection. Le moine est celui qui veut jouer sa vie plus que tout autre ou plus exactement comme ses frères, mais aussi profondément qu'il est possible.

Demandons au Seigneur de nous laisser prendre par cet amour infini du Seigneur qui est là, qui nous est dévoilé dans le texte de saint Paul et dans le texte des douze qui vont prêcher l'évangile. Il est plus que jamais nécessaire d'annoncer au monde la parole de vérité. La marque du saint-Esprit est sur nous et nous avons à prendre possession de ce qui est déjà donné ; le Seigneur nous a donné une première avance de biens qu'il nous donnera et les béatitudes dont nous vivons sont comme une première avance sur l'héritage dont nous prendrons possession au jour de la délivrance finale.

Demandons au Seigneur de découvrir la puissance de la vie monastique. C'est elle qui a construit notre civilisation, c'est elle qui a construit notre Europe. Il faut demander d'avoir le courage, à travers le monde qui naît, d'être présents à ce monde et de témoigner de la manière que le Seigneur voudra, de cette façon d'être à Dieu, de cette façon de répondre à Dieu dans l'absolu de l'amour. Il faut avoir l'intelligence des situations et montrer au monde ce qu'est une vie monastique, une vie toute donnée pour le salut du monde, toute ouverte pour le salut du monde.

Croyez-vous vraiment que les moniales ici présentes ont offert leur vie dans cette perspective de don, dans cette perspective d'accueil, dans cette perspective de gratuité, dans cette perspective d'amour ? Si nous découvrons cela, nous nous convertirons au plus profond de nous-mêmes pour aller vers le Seigneur et pour aller vers nos frères.

Découvrir nos frères dans la joie de Dieu. Que nous soyons des témoins fidèles de l'amour. L'amour seul importe, il s'agit de nous laisser prendre par l'amour et d'être des témoins dans l'amour.

Que la grâce de notre Seigneur Jésus-Christ, la communion au Père et la communion au Saint-Esprit soit avec vous tous. Amen !

Seizième dimanche du temps ordinaire

Jérémie 23, 1-6 Ephésiens 2, 13-18 Marc 6, 30-34

« Venez à l'écart dans un endroit désert, et reposez-vous un peu ». Le Christ demande à ses apôtres de s'écarter de cette foule immense qui les enveloppe pour être à l'écart et se reposer un peu. C'est ce que lui-même fait souvent : il part dans la montagne à l'écart pour prier son Père. Le Christ veut ainsi montrer à ses apôtres que leur premier devoir est de se mettre à l'écart avec lui et de se reposer en lui. Il choisissait ses apôtres d'abord pour être avec lui, ensuite pour prêcher.

Etre avec lui signifie découvrir le mystère de Dieu de l'intérieur et être capables d'en parler. *« Venez à l'écart dans un endroit désert et reposez-vous un peu ».* C'est le la part du Seigneur une invitation solennelle pour aller au cœur de la vie du Christ. Le cœur de la vie du Christ est de parler avec son Père.

Etre à l'écart avec le Christ, c'est être auprès de son Père, c'est vivre dans le secret de son Père. Cela doit être le sens de notre vie quotidienne. Nous devons, nous aussi, prendre des temps, à l'écart, pour se reposer en Dieu.

C'est une des données fondamentales de toute l'histoire d'Israël. La grande réalité de la vie est le repos donné dans le Seigneur, le repos qui nous donne de demeurer près de lui et d'expérimenter sa présence. Il s'agit de découvrir au plus profond de nous-mêmes sa présence et d'aller évangéliser ceux qui n'ont pas entendu cet appel.

Remarquons que la foule déjoue cet appel d'aller dans un endroit désert. *« A pied, de toutes les villes, ils courent là-bas et arrivent avant eux ».* Le Christ est pris de pitié devant cette grande foule. Il se trouve devant des brebis sans berger, devant des hommes accablés, des hommes qui portent le poids de toute une vie de souffrances et il veut les réconforter. *« Il est saisi de pitié envers eux, parce qu'ils sont comme des brebis sans berger, alors, il se met à les instruire longuement »*. Le Christ se donne tout entier et se livre à eux parce que sa pitié est celle de son Père pour les hommes sans pasteur.

Jérémie parle des misérables bergers : *« A cause de vous, mes brebis se sont égarées et dispersées, et vous ne vous êtes pas occupés d'elles »*. C'est Dieu lui-même qui va rassembler ces brebis et les ramener dans leurs pâturages pour qu'elles soient fécondes et se multiplient. Le Christ est pris d'une immense pitié pour la foule qu'il a devant les yeux et sa vie n'est qu'une déclaration d'amour pour les brebis sans berger.

Dans le cœur du Christ, il y a une compassion étonnante, reflet de celle même de Dieu, compassion devant la souffrance des hommes, devant le manque d'enseignement des hommes, devant le manque de communion entre les hommes. La vie du Christ n'a qu'un but, celui de rassembler dans l'amour tous les hommes, les amener à l'écart et les faire se reposer en Dieu. J'insiste bien : se reposer dans le Christ, comme il le fait lui-même dans le Père pour être disponibles à l'égard de tous les hommes et livrés pour eux.

Le fait pour le Christ d'être saisi de pitié pour les hommes, d'en avoir compassion et de les instruire lui permet de rétablir la communion entre tous les hommes. Il est mort pour que les enfants de Dieu dispersés dans le monde soient réunis en lui. Il donne sa vie pour ses brebis et c'est ainsi qu'il *« créé en lui un seul Homme nouveau »*.

L'épître aux Ephésiens nous dit que *« le Christ est notre paix car des deux, Israël et les païens, il a fait un seul peuple »*. Le Christ a fait tomber le mur de la haine qui sépare. Il est venu réconcilier tous les hommes dans sa croix et c'est ainsi qu'il tue la cause de la haine. Le Christ est la paix, le Christ est la joie, le Christ est la lumière. Il n'est que lumière et paix et c'est lui qui nous donne d'avoir accès auprès du Père dans un seul Esprit.

Etre « un » est le désir du Seigneur, un dans sa charité, un dans la charité du Père, un dans le don de l'Esprit. Dieu fait un homme absolument nouveau qui laisse de côté tout le ressentiment qu'il y avait entre juifs et païens et les réunit en un seul corps. Nous sommes ici devant le choix du Seigneur qui a voulu nous sauver par sa mort et par ce don total au Père.

« *La paix pour ceux qui étaient loin, la paix pour ceux qui étaient proches* ». Le Seigneur ne veut qu'une chose : nous annoncer la paix de Dieu qui nous donne accès auprès du Père dans un seul Esprit. Nous sommes vraiment des êtres pris par le Seigneur, mis à l'écart pour nous reposer en lui, et pour annoncer au monde le salut. Si le Christ se repose la nuit, s'il passe des nuits à prier son Père, c'est pour annoncer l'Evangile du plus profond de son cœur, dans une activité souveraine : « *Le Fils ne peut rien faire de lui-même, qu'il ne le voie faire au Père ; ce que fait celui-ci, le Fils le fait pareillement* » (Jn 5, 19).

Il n'y a pas d'opposition entre repos et travail. C'est le travail qui mène vers le repos, le travail est exigé de la même manière que le repos. Le Seigneur demande de nous un don total qui nous livre à l'amour du Père et qui fasse de nous des êtres qui découvrent le Père. Les apôtres ont fait l'expérience de ce repos à l'écart et c'est pourquoi ils ont pu parler du Seigneur. Cela ne sera donné, bien sûr, en plénitude qu'à la mort et à la résurrection mais déjà nous devons nous reposer dans celui qui nous aime et il n'y a pas de chose plus merveilleuse que de demeurer auprès du Père.

« *Venez à l'écart dans un endroit désert* ». Ce n'est pas une ironie de la part du Seigneur mais bien une volonté de mettre ses disciples dans la vérité. Il les met à l'écart pour qu'il l'écoutent pleinement, pour qu'ils soient totalement avec lui et ce que nous avons à faire c'est de découvrir dans l'écoute de la Parole de Dieu ce mystère de Dieu qui est le Vivant qui nous transforme et nous entraîne en nous annonçant la paix.

Nous devons vivre dans notre vie chrétienne de l'expérience même du Seigneur c'est-à-dire de la circulation d'amour qu'il y a entre le Père et le Fils. La puissance de l'action de Dieu doit se manifester dans l'union entre les chrétiens. La paix de Dieu est la création d'un monde nouveau, d'un monde libre, d'un monde qui se donne à Dieu, qui n'est qu'ouverture à Dieu.

Demandons au Seigneur d'entrer dans cette compassion infinie du Christ qui se penche avec condescendance mais qui est l'amour infini qui élève, qui met l'homme à un autre niveau jusqu'à la hauteur du mystère de Dieu. C'est une pitié transformante, une pitié pleine de joie et de paix, ce n'est pas une pitié au sens habituel du mot mais c'est une transformation dans le mystère de Dieu. Nous sommes mis au même niveau que le Christ, avec lui, en lui, nous vivons de sa paix et de sa joie, nous sommes des êtres nouveaux. Nous le devons à l'enseignement du Christ qui nous est donné dans l'Evangile.

Le Christ pleure sur ses brebis sans berger. Demandons au Père d'envoyer des pasteurs pour qu'ils se mettent au service du troupeau. Cela se réalisera dans la mesure où nous le prierons.

Demandons au Seigneur qu'il fasse de nous des êtres transformés par l'amour du Père, par l'amour du Fils dans le Saint-Esprit. Nous pouvons rencontrer le Père puisque le Christ nous a donné accès auprès de lui. Le Père nous aime. Laissons-nous faire par lui et le Seigneur fera le reste. Il triomphe en nous puisqu'il est notre amour, notre vérité, notre justification, notre force. Qu'Il nous donne tous ses dons alors nous serons vraiment en Lui. Amen !

Dix-septième dimanche du temps ordinaire

2 Rois 4, 42-44 Ephésiens 4, 1-6 Jean 6, 1-15

L'Eglise multiplie les pains tous les jours dans la Parole du Christ. Elle nous donne la nourriture dont nous avons besoin pour la route de chaque jour et ainsi aller sur le chemin que le Seigneur veut pour nous.

La multiplication des pains est un prélude à l'Eucharistie qui envahit le monde entier. En effet, nous devenons un avec nos frères du monde entier et tout livrés à ce que le Seigneur désire. Il veut que nous voyions le miracle de la multiplication des pains pour ce qu'elle est vraiment et non pas pour ce qu'elle n'est pas.

Dès que la multiplication des pains a eu lieu et que la foule nombreuse est rassasiée, les gens dirent à la vue du signe que Jésus venait d'accomplir : « *C'est vraiment lui le grand Prophète, celui qui vient en ce monde* ». Ils pensent qu'il va venir établir la justice, rétablir le monde sous la domination d'Israël et remettre toutes choses en place.

Le Seigneur ne fait pas la multiplication des pains pour cela, il est dans une autre perspective et dès qu'il sent la foule vouloir le prendre pour le faire roi, il se retire tout seul dans la montagne. Voilà l'attitude fondamentale du Seigneur : se retirer seul sur la montagne, se retrouver auprès de son Père et méditer la vocation que son Père lui a donnée de venir rassembler tous les hommes dans la vérité de son mystère. Il prie dans la montagne et de cette prière jaillit l'efficacité de la Parole de Dieu. Le Christ prie, il prie pour nous et il prie au moment même où le geste qu'il fait, c'est-à-dire la multiplication des pains, peut être compris à l'envers.

En effet, nous voyons spontanément dans cette scène, une manifestation de puissance, une manifestation où le Christ demanderait en quelque sorte d'avoir une autorité sur les éléments et sur la foule. Il ne s'agit pas de cela : son autorité n'est que l'autorité de la Parole de Dieu, son autorité est celle de l'amour de son Père et rien d'autre. Il ne faut lire que cela dans la multiplication des pains. C'est un geste humble, c'est un geste de nourriture terrestre pour nous apprendre à découvrir la nourriture céleste. Nous sommes là devant un geste tout humble, partager le pain ensemble, partager le pain dans la perspective de la Pâque et au plus profond de nous-mêmes, ce qu'il nous demande c'est de recevoir l'Eucharistie en nous supportant les uns les autres avec amour, en ayant à cœur de garder l'unité de l'esprit par le lien de la paix.

En recevant l'Eucharistie, nous devons rentrer dans un mystère de douceur, d'humilité et de patience. Vous savez que les premiers chrétiens insistaient beaucoup sur ces vertus chrétiennes. Ce sont les qualités que le Seigneur nous communique dans son Eucharistie. Il fait en nous l'unité de l'esprit par le lien de la paix. Notre vocation est la même décrite par saint Paul : *« Nous sommes tous appelés à une seule espérance, il n'y a qu'un seul Corps et un seul Esprit »*. Nous ne faisons qu'un avec le seul Seigneur et Père de tous « *une seule foi, un seul baptême* ».

La multiplication des pains nous enseigne ainsi à découvrir que le mystère du Seigneur est un mystère d'humilité, de douceur, de patience et non pas un triomphe solennel qui irait contre le dessein du Seigneur. Le Seigneur le perçoit bien puisqu'il se retire dans la montagne. Il ne veut pas de cette royauté qui serait une royauté terrestre ; ce qu'il désire, c'est la royauté que veut son Père, la royauté de l'humilité, de la douceur, de la patience, la béatitude du support les uns des autres dans l'amour.

Nous avons à demander au Seigneur de découvrir que l'Eucharistie réside essentiellement dans le fait d'être pris dans ce réseau d'amour du Seigneur qui est humilité, douceur et patience. Je vous signale que les modernes se moquent de ces vertus depuis la grande critique de Nietsche mais il faut le croire, elles sont le cœur de l'évangile.

Humilité, douceur, patience... Il faut nous laisser faire. Il faut apprendre à supporter dans l'amour et dans la vérité. Le chapitre 13 de la première épître aux Corinthiens est une hymne à l'amour ; elle nous fait comprendre que rien ne compte sinon la charité. Nous serons jugés sur l'amour par le Seigneur, voilà la vérité. Il n'y a qu'un seul Corps et un seul Esprit et nous sommes appelés à une seule espérance.

Nous devons nous encourager les uns les autres, nous devons nous entraîner les uns les autres au cours des difficultés de cette vie, pour nous mettre au service de nos frères, nous encourager à suivre fidèlement l'appel que nous avons reçu de Dieu. Nous avons été appelés à communier au mystère de Dieu, à communier à sa puissance, à son amour, à sa vérité : c'est cela l'eucharistie.

Ce qui étonne les hommes, ce n'est pas tellement la multiplication des pains, c'est plutôt le fait que l'Eglise puisse multiplier le pain eucharistique à l'infini dans toute l'histoire du monde et dans tous les espaces du monde pour la suite des temps. La grande multiplication des pains, c'est le Christ se livrant lui-même. Il se donne tout entier à tous ceux qui veulent le recevoir, à tous ceux qui veulent accueillir dans la vérité, l'amour de son Père.

C'est dans cette humilité, cette douceur et cette patience que nous le découvrirons. Ce n'est pas une voie de triomphe, c'est une voie d'humilité. Nous sommes tous tentés par des manifestations de puissance, des manifestations de grandeur. Ce que veut le Seigneur, c'est autre chose, c'est le chemin que lui-même a pris, le chemin de la douceur, de la patience, du support les uns des autres avec amour.

Si nous acceptons cela dans la vérité, tout nous sera donné. Le Seigneur donne à l'infini, il se donne lui-même à nous, ainsi nous pouvons nous donner à tous nos frères. Réformons notre jugement sous le regard du Seigneur pour devenir patients, humbles, doux et nous supporter les uns les autres avec amour.

Que le Seigneur nous fasse cette grâce de comprendre qu'il y a un seul Seigneur, une seule foi, un seul baptême, un seul Dieu et Père de tous. Demandons au Seigneur d'entrer dans cette espérance qui est au plus profond de notre cœur. Nous connaîtrons le Seigneur, nous le verrons face à face, nous serons avec lui pour l'éternité. Ouvrons notre cœur à cette certitude. Le Seigneur nous appelle à rentrer dans cette humilité, cette douceur et cette patience. Nous rendrons ainsi témoignage au Seigneur, les hommes comprendront qu'il y a au cœur du mystère de l'Eglise malgré ses faiblesses, malgré ses limites, un mystère d'amour infini. Amen !

Dix-huitième dimanche du temps ordinaire

Exode 16, 2-15 Ephésiens 4, 17-24 Jean 6, 24-35

Saint Paul nous demande *« d'adopter le comportement de l'homme nouveau, créé saint et juste dans la vérité, à l'image de Dieu »*. Il s'agit de se laisser guider par un Esprit renouvelé, d'avoir le jugement transformé et de voir toutes les valeurs dans le mystère de Dieu. *« Vous ne devez plus vous conduire comme les païens qui se laissent guider par le néant de leur pensée »*. C'est Dieu qui nous guide et fait de nous des hommes nouveaux comme Pierre, Paul, Jacques, Jean, les apôtres, les saints. Il faut devenir des êtres nouveaux, tout recréés dans la nouveauté de Dieu.

Au cœur de l'évangile, la nouveauté est annoncée : être miséricordieux comme le Père céleste est miséricordieux, parfaits comme le Père céleste est parfait. Comme le dit saint Paul, cela exige que nous soyons saints et justes dans la vérité. Il n'y a rien de plus difficile pour l'homme que de tenir dans la vérité et de se laisser guider par cette vérité.

Nous percevons cette vérité dans le Christ à partir de formules très solennelles qu'il emploie lorsqu'il s'agit d'affirmations absolument essentielles : *« Amen ! Amen ! je vous le dis : ce n'est pas Moïse qui vous a donné le pain venu du ciel : c'est mon Père qui vous donne le vrai pain venu du ciel »*

Pour devenir un homme nouveau, il faut recevoir l'Eucharistie. Il faut d'abord croire, se laisser prendre par la foi et ensuite communier au mystère de Dieu. Pour arriver à cela, il faut chercher mais non comme les hommes qui ont vu la multiplication des pains comme une recherche de la satisfaction de leurs propres désirs, de leur propres plaisirs. Le Seigneur leur dit : *« Oui, vraiment, je vous le dis : vous me cherchez, non parce que vous avez vu des signes, mais parce que vous avez mangé du pain et que vous avez été rassasiés. Ne travaillez pas pour la nourriture qui se perd, mais pour la nourriture qui se garde jusque dans la vie éternelle ». Alors les juifs demandèrent : « Que faut-il faire pour travailler aux œuvres de Dieu ? »* Jésus leur répondit : *« L'œuvre de Dieu, c'est que vous croyiez en celui qu'il a envoyé ».*

« *L'œuvre de Dieu c'est que vous croyiez en celui qu'il a envoyé* ». Les juifs sont surpris. Il est évident que nous aussi, nous avons tendance à faire des œuvres, à multiplier ce que nous croyons bien et bon. Le Seigneur ne nous demande qu'une chose qui illumine tout le reste : c'est de croire en Jésus-Christ que le Père a envoyé. Jésus-Christ offre sa vie et va se donner comme le Pain du ciel.

« *L'œuvre de Dieu c'est que vous croyiez en Celui qu'il a envoyé* ». Quelle merveille ! Croire en Celui qu'il a envoyé ! Mais vous savez aussi combien cela est difficile car nous avons tous tendance à dire au Seigneur comme Gabriel Marcel : « Si j'avais été Dieu, je n'aurais pas fait le monde comme cela ». Nous sommes enclins à reconstruire le monde alors que le monde que le Seigneur nous donne est un monde beaucoup plus beau, dramatique certes mais empli de la liberté de Dieu. Il est plein de la liberté de Dieu qui aime et qui fait exister dans l'amour, dans sa propre vie. L'œuvre de Dieu est de nous faire exister dans l'amour, il nous fait devenir semblables à lui et il nous donne pour cela le vrai Pain du ciel.

« *Le Pain de Dieu, c'est celui qui descend du ciel et qui donne la vie au monde* ». Le Pain de Dieu ! Quelle belle formule ! C'est le mystère du Christ : il est le Pain dont on a besoin pour vivre. « *Le Pain de Dieu, c'est celui qui descend du ciel et qui donne la vie au monde* ». Il vient donner la Vie. Il ne vient que pour donner la Vie. Il veut que ses disciples aient la vie en surabondance. Il s'agit pour nous de croire que ce Pain est le Christ vivant au milieu de ses disciples, celui qui va donner sa vie dans la croix et dans la résurrection. Le Christ dit : « *Moi, je suis le pain de la vie. Celui qui vient à moi n'aura plus jamais faim ; celui qui croit en moi n'aura plus jamais soif* ». Le Seigneur apporte tous les biens avec lui. Il apporte tout le mystère de Dieu et il nous apprend à le recevoir : « *Moi, je suis le Pain de la Vie* ». Je suis le Pain de la vie, de la vie qui ne finira pas. Nous devons nous demander aujourd'hui si nous croyons vraiment à cette vie qui nous est communiquée et qui est la vie éternelle ! La vie pour de bon, la vie qui dépasse toutes les apparences. Nous sommes déjà en présence de la vie, de la vie future, de la Vie telle que le Seigneur la vit.

Croyons-nous à la résurrection de la chair ? Croyons-nous à la résurrection que le Seigneur a faite dans son Fils et qui se passera aussi en chacun de nous ? « *Moi, je suis le Pain de la Vie* ». Communier, c'est déjà communier à notre résurrection, communier à la puissance de l'action de Dieu ressuscitant le Christ, c'est déjà nous livrer au Seigneur pour qu'il fasse de nous ce qu'il veut.

Demandons au Seigneur d'entrer dans ce mystère de vie, de vie qui ne finit pas, de vie qui ne finira jamais, de vie qui est vraiment la vraie vie. Au cœur de l'atrocité de ce monde, nous avons tendance à croire que rien n'existe. Mais ce qui existe et ce pourquoi le monde a été fait c'est l'oeuvre de Dieu, c'est de croire en Celui que le Père a envoyé. C'est croire que le Christ apporte la vie avec la plénitude de l'amour, la plénitude de la réalité, la plénitude dans toute sa réalité.

Je voudrais vous souhaiter de croire vraiment en cette vie. Nous ne la voyons pas, nous ne la touchons pas et pourtant elle est là ! La Vie est là dans nos cœurs, elle doit tressaillir et bondir de joie parce que le Seigneur vient nous donner ce qu'Il est, c'est-à-dire il vient nous donner en plénitude sa vie.

« *Moi, je suis le Pain de la Vie* ». Qui peut dire cela ? Le pain, le Pain de la vie, le pain qui nourrit éternellement. Dans cette Eucharistie, nous demanderons au Seigneur de recevoir ce Pain qui déjà triomphe de la mort. Il triomphe déjà dans nos vies dans le don de l'Eucharistie.

C'est une merveille que le don de l'Eucharistie, c'est le don du Christ lui-même, c'est le don du Père donnant ce qu'il a de plus profond, son Fils dans l'Esprit-Saint. Demandons au Seigneur de nous laisser prendre par la foi et l'amour de Dieu. Tout nous sera donné. « *Seigneur, donne-nous de ce pain-là, toujours* ». Oui nous pouvons le dire et le demander au Seigneur. Qu'il transfigure notre vie, qu'il transfigure nos actes, qu'il nous transfigure tout entiers. C'est à cette condition que nous serons des hommes nouveaux, des hommes vivant de la Vie de Dieu, des hommes pour qui « *Moi, je suis le Pain de Vie* » est une réalité, une réalité sublime, une réalité reçue dans la foi mais qui est splendide parce qu'elle nous ouvre le chemin de la vie, le chemin le plus extraordinaire qui soit, mais qui peut transformer tout en nous.

La vie, elle est là, elle nous est offerte en plénitude. Rendons grâce au Seigneur. Nous serons alors dans la joie de Dieu, dans la paix de Dieu. Amen !

Dix-neuvième dimanche du temps ordinaire

1 Rois 19, 4-8 Ephésiens 4, 30-5,2 Jean 6, 41-51

Il y quelque chose d'étonnant dans l'évangile : le contraste entre les grandes affirmations solennelles du Christ et la faiblesse de sa personne, son humilité, sa pauvreté, sa condition humaine semblable à la nôtre. Ces paradoxes provoquent souvent le scandale : « *cet homme-là n'est-il pas Jésus, fils de Joseph ? Nous connaissons bien son père et sa mère. Alors comment peut-il dire : Je suis descendu ciel ?* ».

Le Christ dit bien : « *Moi, je suis le pain qui est descendu du ciel* ». Jésus-Christ veut nous faire admettre que nous devons vivre de lui et que c'est de lui que nous recevons la vie éternelle : « *Celui qui croit en moi a la vie éternelle* ». Mesurons-nous ce qui vient de nous être dit : celui qui croit en moi qui suis le Fils de Dieu incarné, le Fils de Dieu dans la pauvreté, celui-là a la Vie éternelle ?

Mais qu'est-ce que la Vie éternelle ? La Vie éternelle est cette vie qui est dans le Christ lui-même, c'est cette vie qu'il y a entre le Père et le Fils, c'est cette vie d'amour qu'il y a au cœur de la Trinité toute entière et que le Seigneur nous communique. C'est pour cela qu'il peut se nommer : le Pain de la Vie. Il communique la vie la plus totale qui soit, celle qui nous absorbe tout entiers puisque la mort même est prise par la Vie.

« *Celui qui mange de ce Pain ne mourra pas* ». Remarquez là encore l'étonnante formule. Celui qui mange de ce pain ne mourra pas ; il est descendu du ciel ! Un pain vivant comme il n'y en a pas d'autre, un pain qui nous dit tout le mystère de Dieu et tout le don de Dieu. Ce pain nous est donné pour notre trajectoire d'ici-bas qui est notre pèlerinage terrestre.

En marche vers l'Horeb, dans le désert, Elie n'en peut plus et dit au Seigneur : « *Maintenant, Seigneur, c'en est trop ! Reprends ma vie : je ne vaux pas mieux que mes pères* ». Nous sommes tous, un jour ou l'autre, confrontés à cette vérité. Nous sommes, comme Elie, tentés de nous arrêter au bord du chemin si il n'y avait pas ce pain, le Pain de la Vie. Ce pain inouï que le Seigneur nous donne est l'Eucharistie. « *Le pain que je donnerai, c'est ma chair, pour la vie du monde* ». Une vie donnée en plénitude pour que le monde ait la vie. Pour découvrir cela, il faut croire au Christ. Il faut croire que, dans cet homme qui est Jésus, fils de Joseph et de Marie, il y a tout le mystère de Dieu, tout le mystère de la présence du Père qui nous est communiquée par le Saint-Esprit.

Nous devons, d'ailleurs, savoir que le Seigneur nous a marqués du sceau de l'Esprit et comme le dit saint Paul : « *Faites disparaître de votre vie tout ce qui est amertume, emportement, colère éclats de voix ou insultes, ainsi que toute espèce de méchanceté. Soyez entre vous pleins de générosité* ». Générosité et tendresse. Ce qui caractérise l'évangile, c'est la tendresse de Dieu. Saint Paul veut nous dire que la tendresse de Dieu s'est manifestée parmi nous à la venue du Christ. La tendresse de Dieu ! Dieu est-il pour vous tendresse infinie qui vous rencontre dans votre vie, dans la détresse, dans la souffrance, dans la pauvreté, dans la misère ? Vous rend-il pleins de générosité ?

« *Pardonnez-vous les uns aux autres comme Dieu vous a pardonnés dans le Christ* ».En déclarant qu'il est pour nous le Pain de Vie, le Christ nous demande d'imiter Dieu puisque nous sommes ses enfants bien-aimés. Le Seigneur nous appelle à vivre dans l'amour. Et ce Pain qui descend du ciel n'a pas d'autre but que de nous faire vivre dans l'amour. « *Il nous a aimés et s'est livré pour nous* » en s'offrant en sacrifice. Notre vie est une vie dans la foi qui nous assure que nous ressusciterons.

Pensez-vous quelquefois à votre résurrection ? Croyez-vous que vous ressusciterez pour une vie éternelle, non pas pour un moment mais pour toujours ? Nous ressusciterons comme le Christ est ressuscité et nous serons auprès de Dieu comme le Christ est auprès de son Père. Nous avons à découvrir que tout nous est donné dans le Christ, tout nous est livré en lui et s'il a pris une condition humaine, c'est pour nous faire entrer dans sa condition divine, c'est pour nous faire entrer dans la plénitude de sa vie.

« *Personne ne peut venir à moi, si le Père qui m'a envoyé ne l'attire vers moi* ». Il s'agit de nous laisser attirer par le Père. Dieu nous appelle à découvrir que le Christ nous donne la vie éternelle, cette vie infinie, cette vie qui ne sera pas un ennui perpétuel mais la joie parfaite, la joie étonnante, la joie même de Dieu.

Dans l'Eucharistie, demandons au Seigneur d'être les enfants bien-aimés du Père, d'être pleins de tendresse et de générosité, pleins de suavité comme disaient nos anciens. Nous sommes faits pour témoigner de la suavité de Dieu, de la douceur de Dieu. Laissons-nous faire, que le Seigneur nous apprenne la tendresse. La tendresse entre nous sera l'image de la tendresse de Dieu. La tendresse enlève toute amertume, toute colère, donne simplicité et transparence à nos rapports entre nous. Le Seigneur est le Seigneur et il nous aime. Amen !

Assomption de la Vierge Marie

Apocalypse 11,19...12,10 1 Corinthiens 15, 20-26
Luc 1, 39-56

On a souvent accusé le christianisme de donner trop de place à Marie et de déviriliser le christianisme. Mais par ailleurs, on a accusé le christianisme de ne pas faire sa place à la femme et de ne pas lui donner toute l'importance qu'elle a. Ces accusations contradictoires touchent le cœur même du mystère du Seigneur et nous montrent ce qui est en jeu : c'est le cœur de l'évangile, c'est le cœur du mystère de Dieu, transmis par son Fils né de la Vierge Marie et ressuscitée désormais avec lui.

Nous croyons que le Fils de Dieu s'est incarné dans le sein de la Vierge Marie et nous croyons que tout ce que Marie a fait est conforme à ce que veut le Seigneur. La correspondance incessante au plus profond de son être de femme à la volonté de Dieu sur elle constitue un mystère étonnant, celui de Marie. Correspondance absolument totale, correspondance inconditionnelle à ce que veut le Seigneur : toute la vie de Marie n'est que cette correspondance qui va jusqu'au cœur du mystère de Dieu et qui la fait entrer dans la gloire.

Marie est ressuscitée ! Marie est ressuscitée comme son Fils, elle est auprès de lui. La première chose qui nous vient à l'esprit en posant cette affirmation est que le ciel existe. Le ciel existe parce que Marie et le Christ sont vivants, parce que désormais éternellement, il y a au cœur du mystère de Dieu, une femme, une femme glorifiée dans sa chair.

Quel étonnement ! Mesurons-nous ce que nous affirmons en disant que Marie est glorifiée auprès de son Fils, glorifiée auprès du Père, glorifiée dans la joie, glorifiée pour toujours ? Marie est toute entière cachée dans le mystère de Dieu et elle est là pour nous faire passer tout entiers dans le mystère de Dieu !

Vous n'aimerez jamais trop Marie ! Je crois que beaucoup de modernes ne comprennent pas la place de Marie dans l'Eglise. Volontiers ils diraient que saint Paul n'en parle que pour dire que Jésus est né de la femme, que cela suffit bien au regard de l'Eglise qui lui donne trop de place. Mais je crois que c'est un contresens absolument complet sur l'évangile. Car, au cœur, au plus profond de l'évangile, il y a Marie. Il y a Marie parce que c'est elle qui a accepté que son Fils soit conçu en elle pour nous, pour la croix, pour la gloire. Tout a dépendu de son oui à l'appel du Père. « *Qu'il me soit fait selon ta parole* ». Tout s'oriente vers le moment que nous fêtons aujourd'hui où Marie est glorifiée auprès du Père, ressuscitée, glorifiée auprès du Père.

Nous avons à aimer Marie : non pas comme une dévotion qualifiée négativement de « pieusarde » mais comme un amour qui nous ouvre au mystère de Dieu. Nous ne pouvons pas contempler le mystère de Dieu sans Marie parce que tout simplement, tout commence avec elle, et je dirais volontiers en un sens, tout se termine en elle. Tout est donné en Marie. Nous pouvons contempler le mystère entier du salut en Marie, ce mystère entier qui est la joie de Dieu, ce mystère qui est vraiment notre joie et qui est la joie de toute l'Eglise.

En ce jour, l'Eglise exalte le Seigneur, comme Marie, et son esprit exulte en Dieu son Sauveur. Nous sommes des êtres qui doivent découvrir la place que Marie occupe dans nos vies. Oh, c'est une place à la fois toute cachée et à la fois toute illuminée de partout et transformant toutes choses en les transfigurant. C'est une présence discrète, infiniment discrète, comme dans l'évangile. On ne parle pas beaucoup de Marie et pourtant elle est là, toute présente, toute donnée, toute livrée, toute stabilisée au cœur du mystère de son Fils. Elle est là dès le début de la prédication de son Fils et c'est elle qui demandera à son Fils le miracle des noces de Cana auquel correspondra le mystère des noces de la croix.

Marie annonce au monde que le Seigneur vient transformer les cœurs de pierre en cœurs de chair, que les noces de Jésus avec l'humanité vont commencer et que tout est déjà là, que tout est déjà donné.

En Marie, il y a un mystère de douceur infinie que nous avons à proclamer. Marie est la douceur même, la douceur du Père, la douceur du Seigneur. La douceur n'est pas si facile dans le monde dans lequel nous vivons, monde d'agonie, monde de tortures, monde de mal et de souffrances. Le monde est envahi par la peur, le monde est envahi par la violence, mais Marie est là. Marie est celle qui a passé par l'agonie et la violence, qui a passé par cette agonie jusqu'au bout, qui s'y est livrée. Mesurons-nous à quel point le Seigneur a livré son Fils à la violence ? Tout l'évangile est rempli de cette virulence, de ces attaques incessantes contre le Christ, et Marie les connaît. Elle est là, debout au pied de la croix, dans la violence suprême, dans la violence dérisoire, placée dans la dérision même de son Fils. Elle est là toute présente, et c'est dans cette présence que s'exprime le mystère de Dieu.

Dieu nous appelle à comprendre la douceur. Si l'on nous accuse de faiblesse, comme l'a fait Nietzsche et tant de philosophes depuis, si l'on nous accuse de prôner les vertus de faiblesse, il faut que nous disions, du plus profond de notre cœur, que nous sommes pour les vertus de faiblesse, que nous sommes pour cette douceur infinie qui coule du cœur de Dieu, mais qui ne se réalise que par la croix. Nous devons être pris dans cette douceur. La douceur de Marie, c'est la douceur de Dieu. C'est cette épiphanie dans le monde de cette douceur infinie. C'est cette manifestation de cette douceur que seul le Seigneur donne, de cette douceur qui est la sienne et dans laquelle il nous enveloppe.

Nous sommes des êtres extraordinaires si nous laissons faire ce que veut le Seigneur en nous. Nous croyons que dans ce monde de mal et de souffrances, la toute-puissance de Dieu est victorieuse. Dieu est Dieu. Nous avons à porter dans notre cœur les souffrances de ce monde avec Marie. Et si nous fêtons aujourd'hui son Assomption, c'est pour prendre sur nous toutes les misères du monde, c'est pour les prendre jusqu'au bout, pour les laisser nous transformer et faire que l'amour soit l'amour. Il y a l'amour dans le cœur de Dieu. Il est amour ! C'est ce que nous avons à comprendre. Nous n'avons pas d'autre chose à découvrir.

J'aime Marie et je voudrais vous le crier ! J'aime Marie et je voudrais vous dire à quel point le Seigneur, par elle, peut transformer la vie. J'aime Marie, et je sais ce que Marie peut faire au cœur d'une vie. Tant qu'on n'a pas découvert Marie, on n'a pas découvert le christianisme, on n'a pas découvert ce qui est au cœur de l'évangile, cette tendresse si douce, cette tendresse infinie, cette tendresse d'une Mère qui est le reflet de l'amour du Père.

Il faut que nous laissions l'amour de Dieu nous prendre, cet amour qui est infini, cet amour qui est – oh ! je ne sais pas comment vous dire – celui qui peut descendre au plus profond de votre cœur et vous donner la richesse suprême qui est la richesse de la pauvreté. Marie est une pauvre ! Elle veut que nous soyons des êtres livrés à Dieu, livrés à la puissance de l'amour. Que nous soyons, à sa suite, capables de comprendre l'amour qui s'exprime dans le Fils.

Découvrir l'amour ! Je ne vous souhaite qu'une chose, c'est d'aimer à l'infini, aimer sans mesure, aimer comme le Seigneur peut donner d'aimer. Cela ne fait pas de bruit mais c'est pourtant la réalité du monde. Le monde est fondé dans l'amour du Père. C'est ce que nous avons à proclamer. Ce n'est pas ce qui apparaît mais c'est ce qui est le plus vrai. Au plus fort de la tempête, au plus fort des absurdités que nous connaissons, il y a l'amour infini de Dieu, l'amour qui passe tout, qui passe à travers toutes les faiblesses des hommes, à travers même tous les crimes des hommes et qui nous livre à Dieu.

Marie a chanté son Magnificat dès le début de la vie de son Fils. Elle a chanté son amour. Nous aussi, au cours de l'Eucharistie, nous chanterons l'amour infini. Je vous le répète : il n'y a pas d'autre réalité au monde sinon l'amour. En cette fête de l'Assomption, je voudrais vous appeler à entrer dans le secret du cœur du Père. Que votre vie soit cachée en Dieu et que vous découvriez que l'amour est plus fort que tout et que le grand dragon rouge n'a aucune influence dans nos vies si nous nous livrons au Seigneur.

Il faut nous souvenir du Seigneur à chaque instant de nos vies. Il faut penser au Seigneur et se livrer à lui, être des hommes pauvres livrés à Dieu, transparents à Dieu. Ensemble, si vous le voulez bien, nous demanderons au Seigneur, au cœur de l'Eucharistie d'entrer dans le mystère de la croix et de la résurrection, d'y entrer de toutes nos forces, ou plutôt celles de Dieu, et d'être les enfants du Père. Nous ferons alors comme Marie ; au plus profond de notre cœur l'allégresse de Dieu chantera. Dieu nous aime, Dieu est amour, Dieu est la tendresse même, il nous aime à l'infini. Il s'est livré pour nous. Amen !

Vingt et unième dimanche du temps ordinaire

Josué 24, 1-18 Ephésiens 5, 21-32 Jean 6, 60-69

Le Christ est venu nous apporter la paix et c'est pourtant par la division qu'il pénètre en nos cœurs. La scène d'aujourd'hui est particulièrement significative. Il vient révéler nos cœurs, les révéler à eux-mêmes et dévoiler ce qu'il y a au plus profond de nous-mêmes.

Après que le Christ eut dit : *« Celui qui mange ma chair et boit mon sang a la vie éternelle »*. *« Beaucoup de disciples, qui avaient entendu, s'écrièrent : « Ce qu'il dit là est intolérable, on ne peut pas continuer à l'écouter »*. Il est vrai que les paroles du Christ disant qu'il donne sa chair à manger et son sang à boire sont invraisemblables !. Le Christ connaît cela de l'intérieur, il connaît ses disciples, et il sait que cela les heurte. « *Cela vous heurte ? Et quand vous verrez le Fils de l'homme monter là où il était auparavant* ? ». Le Christ se situe dans son propre mystère c'est-à-dire auprès de son Père. Il vit dans le Père.

Je voudrais que vous mesuriez la tristesse infinie qu'il y a dans le cœur du Christ qui vient de ce qu'il s'offre tout entier, qu'il annonce la parole la plus extraordinaire qui soit *« Celui qui mange ma chair et boit mon sang a la vie éternelle »*. Ses paroles ne sont pas reçues par ses disciples. *« Et les siens ne l'ont pas reçu »* (Jn 1, 18). Mais le Christ sait qui le livrera, il le sait depuis le commencement, il le sait depuis toujours. La conscience du Christ est le nœud de tout. Il se livre pour nous. Il se livre en se donnant totalement, en se donnant dans la mort et la résurrection. Nous devons penser à ce mystère du Christ devant chaque acte de notre liberté, devant notre liberté qui peut défaillir, qui peut se refuser.

Le Christ propose, il propose sa Parole, il propose le mystère de Dieu. Vous remarquerez qu'il ne fait aucune pression sur quiconque. Il s'offre tel qu'il est pour que nous fassions face à lui un choix libre. Il attend que nous prenions parti et que nous le confessions. Dans la question du Christ adressée aux douze : *« Voulez-vous partir, vous aussi ? »*, il y a une profonde angoisse. C'est l'angoisse du Christ devant ce refus qui va être au cœur de sa vie, qui va la dominer et qui est vraiment le drame de la vie du Christ.

« Voulez-vous partir, vous aussi ? ». « Jérusalem, Jérusalem, toi qui tues les prophètes et lapides ceux qui te sont envoyés, combien de fois j'ai voulu rassembler tes enfants à la manière dont une poule rassemble sa couvée et vous n'avez pas voulu.. »(cf Lc 19,41). Il y a dans le mystère du Christ une agonie fondamentale, au sens le plus profond du terme, un combat mais un combat mortel qui s'annonce dans la scène d'aujourd'hui. Le Seigneur laisse à ses disciples la liberté. Il les laisse devant son mystère, il les laisse choisir. Et Simon-Pierre choisit, au nom de tous : *« Seigneur, à qui irions-nous, tu as les paroles de la vie éternelle. Quant à nous, nous croyons, et nous savons que tu es le Saint, le Saint de Dieu »*. Pierre confesse que les paroles de la vie éternelle sont celles du Christ et que le Christ est le Messie, le Fils du Dieu vivant. C'est ce qu'il dit dans les autres évangiles, lorsque, interrogé pour savoir qui il est, Pierre répond *« Tu es le Christ, le Fils du Dieu vivant »* (cf Mt 16).

« Tu as les paroles de la vie éternelle ». C'est à nous de dire notre conviction fondamentale, c'est à nous de nous engager définitivement, de découvrir que les parole du Christ sont des paroles qui fondent notre vie et qui nous orientent vers lui. Elles sont Esprit. *« C'est l'Esprit qui fait vivre, la chair n'est capable de rien »*. Il s'agit d'être avec le Christ, de croire au Christ et de recevoir sa vie.

Nous avons à découvrir le mystère du Christ présent en chacune de nos libertés. Il faut découvrir aussi la possibilité du refus de l'homme devant le Christ. Celui-ci en a fait l'étrange expérience : lui, le Fils de Dieu, est rejeté. A l'arrière-plan de toute cette scène, il y a la croix et la résurrection. C'est là qu'il nous sauve.

Le Christ savait ceux qui ne le croyaient pas et celui qui le livrerait. Ces formules de saint Jean veulent nous traduire ce qui se passe au fond du cœur du Christ. C'est une souffrance intolérable, la souffrance que le Christ supporte, l'intolérable de l'amour, de cet amour qui le jettera sur la croix et dans la résurrection. Il ne pourra pas faire autrement. A la question « voulez-vous partir ? », la seule réponse du Christ est sa passion et sa résurrection. Il est prêt à se donner pour que les hommes aient la vie et qu'ils l'aient en plénitude.

C'est ce qui fonde l'amour dans le mariage chrétien. Saint Paul nous dit que l'homme et la femme s'aiment comme le Christ aime l'Eglise. C'est vraiment ce mystère d'union qui vient dans les époux et pénètre leurs vies entières.

Dans l'Eucharistie que nous allons célébrer, nous allons affirmer plus que jamais que « *celui qui mange ma chair et boit mon sang a la vie éternelle* ». Nous allons essayer de faire silence en nous pour découvrir combien il est intolérable pour le Christ d'être ainsi rejeté. La parole du Christ la plus intolérable aux oreilles humaines provoque au cœur du Christ une agonie, une souffrance, une mort qui s'épanouira dans la croix et la résurrection. Demandons au Seigneur de comprendre que les paroles de Pierre nous sont adressées : « *Seigneur, vers qui irions-nous, tu as les paroles de la vie éternelle* » Nous ne pouvons que découvrir l'amour infini qui est là, tout près de nous et qui nous enveloppe de son amour. Le Christ nous pose à chacun de nous la question : « *Voulez-vous partir ?* ». Comme Pierre nous répondrons : « *Nous savons, nous croyons que tu es le Saint de Dieu, le Messie, le Fils du Dieu vivant* ». Amen !

Vingt-deuxième dimanche du temps ordinaire

Deutéronome 4, 1-8 Jacques 1, 17-27 Marc 7, 1-23

Sommes-nous de vrais adorateurs en esprit et en vérité ? Honorons-nous Dieu avec la profondeur et en même temps la spontanéité qu'il veut ? Avez-vous remarqué le dialogue entre le Christ et les pharisiens en même temps que les attaques du Christ ? « *Vous laissez de côté le commandement de Dieu pour vous attacher à la tradition des hommes* ». On ne peut être plus du pour montrer que le peuple de Dieu ne donne pas ce que le Seigneur attend. « *Ce peuple m'honore en paroles, mais son cœur est loin de moi. Il est inutile, le culte qu'ils me rendent ; les doctrines qu'ils enseignent ne sont que des préceptes humains* ». Le Seigneur met le doigt sur ce qui est au cœur de toute vie chrétienne : le danger de se fermer sur elle-même, le danger de prendre les traditions humaines pour le commandement de Dieu, le danger de regarder uniquement l'extérieur.

Notre assemblée d'aujourd'hui ne se réunit pas pour une cérémonie ou un rite. Nous sommes là pour dévoiler notre cœur au Seigneur, pour recevoir sa vérité et pour nous engager dans sa vérité. C'est du dedans que nous veut le Seigneur. Le Seigneur nous demande tout simplement notre cœur. Il n'y a pas d'autre culte : le Seigneur nous demande de retourner notre cœur vers lui et le regarder. « *Tu aimeras le Seigneur ton Dieu de tout ton cœur, de toute ton âme, de toutes tes forces, de tout ton esprit* ». Tout, tout, tout, absolument tout ! Le Seigneur veut que tout soit pris en nous par la charité, que tout soit pris dans l'amour de Dieu. Il ne s'agit pas de traditions comme de se laver les mains ou non. Il s'agit d'être vrai, de la vérité de l'amour qui répond à cet amour dont Dieu nous cherche. Dieu est à notre recherche. L'Eucharistie est un temps où nous nous laissons prendre par cette recherche de Dieu. Dieu nous veut à lui. Nous avons à nous laisser faire, nous avons à le laisser agir en nous.

Une eucharistie n'est pas une cérémonie formaliste, non, c'est une aventure. Elle n'a de sens que par rapport à la croix et à la résurrection du Christ. Elle n'a de sens que de l'intérieur. L'eucharistie est là pour nous tourner vers le Seigneur et faire que notre amour pour lui se développe à l'infini. Il ne s'agit donc pas de traditions humaines. « *Ecoutez-moi tous, et comprenez bien. Rien de ce qui est extérieur à l'homme et qui pénètre en lui ne peut le rendre impur. Mais ce qui sort du cœur, voilà ce qui rend l'homme impur* ». Le Seigneur nous explique bien que ce qu'il désire en nous c'est que nous ayons un cœur pur. La pureté c'est-à-dire cette transparence à l'amour de Dieu qui fait que nous tenons debout devant lui et que nous pouvons nous approcher du Seigneur et avoir accès auprès de Dieu. C'est du dedans que nous nous éloignons de Dieu, c'est du dedans que sortent les pensées perverses, inconduites, vols, meurtres, débauches, envies, diffamations. Tout ce mal vient du dedans et rend l'homme impur.

Nous voyons se profiler à l'horizon la grande vision de Pierre où le Seigneur lui dit qu'il peut manger de tous les animaux, que tout est pur, que tout est lumineux. Le Seigneur nous demande de découvrir que notre culte n'a de sens que pour rendre gloire à Dieu et pour être insérés au cœur du mystère de Dieu. Notre culte ne tient pas pour lui-même, il est là pour transformer notre conscience. Un culte qui ne porte pas de fruits, qui n'est pas à la mesure de ce que Dieu veut est un culte inutile, un culte qui n'a pas de sens. Il s'agit de découvrir que la vérité de l'amour est merveilleuse. La vérité de l'amour est d'aimer le Seigneur comme il veut, en réponse à son propre amour. Il est à notre poursuite, il ne cesse de nous rechercher et nous avons besoin de le découvrir. Découvrir l'amour de Dieu.

Laissez-vous le Seigneur mettre la main sur vous ? Etes-vous disposés à laisser le Seigneur agir en vous, vous prendre, vous malmener, vous mener là où vous ne voudriez pas aller ? Vous avez à perdre votre cœur, vous avez à vous perdre tout entier pour trouver la vie et vous avez à vous donner jusqu'au bout comme le Seigneur s'est donné. Nous sommes pris dans ce mouvement et s'il n'y a pas ce mouvement, il n'y a rien. Il faut tout donner, tout donner jusqu'au bout. Le Seigneur ne nous laissera pas tranquilles tant qu'on n'aura pas donné jusqu'au dernier centime.

Nous donner à Dieu ! Ce n'est pas nous qui faisons ce don, c'est le Seigneur qui nous appelle. « *Nul ne vient à moi si mon Père ne l'attire* » (cf Jn 6). Demandons au Seigneur, dans cette eucharistie, de répondre à l'amour de Dieu avec un cœur qui accepte de se laisser mettre en cause, de se laisser transformer, de se laisser chahuter par le mystère de Dieu, de se laisser bouleverser par ce mystère. La vie n'a de sens que pour cela : la rencontre avec le Seigneur. Il fera tout pour que nous le rencontrions d'une façon qui vous étonnera peut-être parce que ce n'est pas celle que vous auriez choisie. Le Seigneur est le maître de l'impossible et il est capable de tout transformer dans nos cœurs. Demandons-lui que nous découvrions le culte de Dieu, ce que représente ce culte et d'y être au plus profond de nous-mêmes.

Le Seigneur nous demande notre cœur. Il n'y a qu'un homme qui ait donné son cœur totalement, c'est le Christ. Ce que le Seigneur veut c'est que tous nos cœurs soient pris par l'amour, transformés dans l'amour de Dieu de manière à aimer nos frères et à leur donner tout ce dont ils ont besoin. Il ne s'agit pas de s'attacher à la tradition des hommes mais il s'agit de reconnaître la grâce de Dieu et le commandement de Dieu. Alors, nous découvrirons la plénitude de l'amour et l'amour sera tout pour nous. Amen !

Vingt-troisième dimanche du temps ordinaire

Isaïe 35, 4-7   Jacques 2, 1-5   Marc 7, 31-37

« *Tout ce qu'il fait est admirable : il fait entendre les sourds et parler les muets* ». C'est en effet le signe de l'ère messianique prophétisée par Isaïe : « *Alors s'ouvriront les yeux des aveugles et les oreilles des sourds. Alors, le boiteux bondira comme un cerf et la bouche du muet criera de joie* ». En faisant le miracle concernant le sourd-muet, le Seigneur veut nous montrer que sa présence est déjà là. L'Eglise a fait de cet « Effata » une étape importante au cours du Carême pour les catéchumènes en vue du baptême. Il s'agit que nos oreilles s'ouvrent à la Parole de Dieu, s'ouvrent à ce que nos frères ont à nous dire et que nous chantions Dieu.

Il s'agit d'abord d'ouvrir nos oreilles. Elles ont été ouvertes au moment de notre baptême mais nous avons à les ouvrir sans cesse et à découvrir à quelle profondeur nous devons vivre. Il s'agit d'écouter la Parole de Dieu, d'écouter ce que disent nos frères et vous savez combien cela est difficile. Ecouter, écouter vraiment l'autre est une des choses les plus difficiles qui soit. Ecouter c'est accueillir l'autre avec cette ampleur, cette charité, cette ouverture qui lui donne d'être lui-même, qui l'ouvre à lui-même. Nous avons besoin de nous ouvrir par la parole des autres et par le témoignage des autres. Trop souvent, lorsque nous allons trouver l'autre, il nous lance à la figure ce que justement nous n'attendions pas. Il projette sur nous les idées qu'il a, il ne prend pas le temps de nous écouter. La première chose à faire, si nous ne voulons pas trahir, c'est d'écouter, d'entendre l'autre dans son mystère, l'écouter vraiment pour découvrir sa parole.

Il en est de même pour Dieu. Ecouter Dieu n'est pas facile. Il faut que le Seigneur nous ouvre les oreilles et que nous entendions sa Parole. Nous avons toujours tendance à oublier ou à minimiser la Parole de Dieu. Il s'agit d'écouter la parole évangélique de Dieu. Laissons-la résonner au plus profond de notre cœur afin que cette parole pénètre en nous et nous transforme. Pour savoir écouter, il faut se transformer. Nous avons à écouter de tout notre être et vous savez que toute l'histoire d'Israël est l'histoire de cette écoute du mystère de Dieu. L'Ecriture sainte nous apprend à l'écouter et à attendre. Pensons à Elie qui a dû attendre la brise légère ou, comme on le dit plutôt maintenant, le murmure de Dieu au fond de son cœur. Ecouter la Parole de Dieu, c'est écouter ce murmure au plus profond de nous-mêmes, le laisser se dévoiler en nous, laisser les impulsions de l'Esprit nous ouvrir, nous découvrir humblement chaque jour ce que Dieu demande.

Nous avons à parler. Si nous écoutons, nous parlons et nous parlerons. Parler, dans le Nouveau Testament, c'est annoncer la Parole de Dieu, c'est aussi être dans la bénédiction, être dans l'amour, savoir chanter les bénédictions du Seigneur, savoir chanter l'amour de Dieu, savoir chanter ce qu'on a découvert au plus profond de nous-mêmes, savoir dire à nos frères des hymnes de paix et de joie que le Seigneur suscite en nous. Nous avons à parler et non pas à être muets. Nous avons à demander au Seigneur de nous apprendre à parler ; non pas à tort et à travers mais de l'intérieur du cœur, de parler avec cette liberté, avec cette souveraineté de la Parole que l'Evangile nous apprend.

Saint Jacques insiste pour que nous ne fassions pas acception de personnes ni de différences entre riches et pauvres, ce serait agir selon des valeurs fausses. Ce qui est au cœur de l'évangile, c'est la réception de l'autre dans son mystère. Il est riche dans la foi, et la seule richesse que nous ayons entre nous dans l'Eglise, c'est notre foi. Ce sera notre seule richesse dans le Royaume. Nous n'avons pas à tenir compte de la richesse ou de la pauvreté. Il faut, au contraire, donner toute note faveur à ceux qui sont pauvres. Le Seigneur n'a-t-il pas choisi ceux qui sont pauvres aux yeux du monde ? saint Paul a bien su dire que Dieu choisit ceux qui sont faibles pour confondre ceux qui sont forts.

Alors, nous avons à demander au Seigneur d'être vraiment riches de la foi, riches de cette foi qui nous transforme, qui nous fait héritiers du Royaume, qui nous fait entrer dans le mystère de Dieu.

Une eucharistie est un chant qui va monter de notre assemblée pour rendre grâces au Seigneur, pour rendre grâces de tout ce qu'il a fait et de tout ce qu'il fera. « *Tout ce qu'il fait est admirable* ». Je voudrais que nous ayons au cœur cette certitude que tout ce que fait le Seigneur est admirable. Il s'agit de le découvrir et d'avoir le cœur assez ouvert pour entendre le murmure du Seigneur dans nos frères, leurs appels et leurs demandes. Ils ont besoin de nous comme nous avons besoin d'eux.

Demandons au Seigneur de nous laisser consoler par le Seigneur pour pouvoir consoler les autres. Chantons dans notre cœur, chantons inlassablement « *Tout ce qu'il fait est admirable* ». Une eucharistie est un chant de gloire. Entrons ensemble dans ce chant de gloire. Nous sommes des baptisés désireux d'approfondir la découverte de toutes les merveilles du sacrement de baptême pour être renouvelés. Demandons au Seigneur de nous laisser renouveler. Amen !

Vingt-quatrième dimanche du temps ordinaire

Isaïe 50, 5-9 Jacques 2, 14-18 Marc 8, 27-35

Le Seigneur n'a qu'un souci, c'est celui de se faire reconnaître par ses apôtres pour ce qu'il est réellement. C'est pourquoi, dans cette marche dans la région de Césarée de Philippe, Jésus interroge ses disciples : *« Pour les gens, qui suis-je ? » Ils répondirent : « Jean-Baptiste ; pour d'autres, Elie ; pour d'autres, un des prophètes »*. Mais la question la plus profonde qui touche au cœur de chacun des disciples et de chacun d'entre nous : *« Et vous, que dites-vous, pour vous qui suis-je ? »* La question est directe, elle touche au cœur, elle touche au centre de notre mystère. *« Pour vous, qui suis-je ? »* C'est la question à laquelle nous avons à répondre. Et Pierre répond au nom de tous ; *« Tu es le Messie »*. On pourrait croire que cette confession de foi résout tous les problèmes et que tout est acquis. Le Messie est en effet celui qui, oint par l'Esprit, rempli de l'Esprit, est envoyé par Dieu pour nous communiquer l'Esprit et pour nous faire entrer en communion avec Dieu.

« Tu es le Messie ». Pourtant, le Christ ne veut pas s'arrêter là.. Pour la première fois, Jésus leur enseigne que le Fils de l'homme doit souffrir, être rejeté par les chefs des prêtres et les scribes, être tué et ressusciter le troisième jour. Remarquez l'insistance de l'apôtre : c'est vraiment le cœur du mystère du Christ annoncé ici. Normalement le Messie était pour les Juifs celui qui triompherait du mal et qui en triompherait magnifiquement et voilà que Jésus annonce sa mort et sa résurrection. *« Jésus disait cela ouvertement »* nous dit l'évangéliste.

Pierre alors ne comprend plus. Il a confessé le Messie, il a trouvé l'identité du Christ, il a réalisé qui il était, et voilà que le Seigneur dit qu'il va être rejeté par les anciens, les chefs des prêtres et les scribes, qu'il sera tué et qu'il ressuscitera. Pierre prend à part Jésus et se met à lui faire des reproches. « *Mais Jésus se retourne et, voyant ses disciple, il réplique sévèrement à Pierre* : « *Passe derrière moi, Satan ; tes pensées ne sont pas celles de Dieu mais celles des hommes* ».

Le Christ sait à qui il s'est confié, le texte d'Isaïe nous le rappelle : « *Le Seigneur Dieu m'a ouvert l'oreille et moi, je ne me suis pas dérobé. J'ai présenté mon dos à ceux qui me frappaient...Le Seigneur Dieu vient à mon secours... Quelqu'un a-t-il une accusation à porter contre moi ? Qu'il s'avance ! Voici le Seigneur Dieu qui vient prendre ma défense : qui donc me condamnera ?* ». Le Seigneur sait que son Père est là, pour le justifier, pour qu'il ne soit pas confondu. Il sait que tout lui est donné par le Seigneur et que, s'il va à la mort, il ressuscitera. C'est pourquoi il est si dur pour Pierre. Celui-ci ne comprend pas que le mystère de la croix s'ouvre sur la résurrection. Il n'a que des pensées d'homme ; il n'a pas le plan de Dieu dans le cœur, voilà pourquoi Pierre ne comprend pas. Nous pouvons bien comprendre, nous, que c'est ce qui se passe pour chacun d'entre nous. Nous avons du mal à comprendre le chemin par lequel le Seigneur veut passer. Il veut passer par des chemins qui nous paraissent insensés parce que ce sont ceux qui mènent à la croix et à la résurrection. Pierre a confessé Jésus comme Messie ; c'est pourquoi le Christ veut l'entraîner dans une communion profonde à sa vie.

Le Christ appelle la foule avec ses disciples pour leur dire de le suivre et comment le suivre. La foi n'est pas simplement une confession abstraite du mystère de Dieu. C'est une confession très concrète qui engage dans le renoncement à soi-même, qui engage dans le même mystère que le Christ c'est-à-dire dans un don total de soi. Il faut que la foi soit vive, il faut que la foi agisse en plénitude, il faut que la foi soit mise en pratique. La foi qui n'agit pas est une foi morte, elle ne sert de rien. Notre foi n'est pas une foi au Christ Messie triomphant ; elle est avant tout une foi au Christ passant par la mort et la par la résurrection. Nous avons à découvrir, au cœur de notre vie, le visage du Seigneur qui n'a pas d'autre appui que Dieu. Le Christ est là dans son Père, il demeure dans son Père. Tout son chemin est tracé par son Père et c'est pour lui qu'il se livre. Il se donne tout entier.

« *Tes pensées ne sont pas celles de Dieu mais celles des hommes* » dit le Christ à Pierre. Nous n'imaginons pas que l'incarnation est l'assomption de la condition humaine. Le Christ s'est fait homme pour que se réalise le salut. Le Seigneur nous prend tels que nous sommes, il nous prend avec nos souffrances, avec notre péché et nos lâchetés. Il nous mène avec lui. Il veut que nous le suivions. « *Celui qui veut marcher à ma suite, qu'il renonce à lui-même, qu'il prenne sa croix, et qu'il suive* ». Au cœur de la vie chrétienne, il y a ce renoncement total à soi qui est ouverture aux autres et surtout ouverture à Dieu. Le Christ est tout ouvert à son Père, tout ouvert sur le mystère d'amour qu'il y a entre lui et son Père. Il est tout dialogue avec son Père. Dans sa marche vers la croix, Jésus-Christ est dans une plénitude de lumière, il sait où il va, il sait où il mène ses disciples.

« *Si quelqu'un veut marcher derrière moi, qu'il se renonce* ». Renonçons-nous à nous-mêmes ? Renonçons-nous à tout ce qui n'est pas dans la lumière de Dieu. Il faut que tout devienne en nous lumière de Dieu, transparence d'amour, vérité de l'amour. Le Seigneur nous demande cela : prendre notre croix et le suivre. Le Seigneur lui-même taille pour chacun d'entre nous la croix à porter, il la taille à notre mesure.

« *Celui qui veut sauver sa vie, la perdra ; mais celui qui perdra sa vie pour moi et pour l'Evangile, la sauvera* ».

Perdre sa vie est le but de la vie chrétienne. Si nous célébrons l'eucharistie, c'est pour perdre notre vie dans la mort du Christ et dans sa résurrection, c'est pour être entraînés dans ce mystère fondamental. Croyons-nous que chaque instant de nos vies est dominé par cette croix et cette résurrection ? Savons-nous que nous sommes appelés à entrer en plénitude dans ce mystère de sauvetage, renoncer à nous-mêmes pour nous ouvrir à l'amour ? Nous ouvrir à l'amour ! Il n'y a pas d'autre chose. L'amour est cette marche du Christ vers la croix et la résurrection et vers la découverte de son Père dans la gloire éternelle. Nous aussi, nous sommes engagés dans le même mystère, nous avons à renoncer à nous-mêmes pour suivre le Christ et entrer dans sa gloire. Nous pouvons être fiers de cela, parce que c'est la vérité, parce que c'est le cœur du monde, parce que c'est le cœur de tout. Perdre sa vie pour le Christ.

Demandons au Seigneur, dans l'Eucharistie que nous allons célébrer, de nous dégager de nous-mêmes, de nous dégager de cette recherche constante que nous faisons de nous-mêmes pour nous livrer au Père, pour nous livrer au Christ dans le Saint-Esprit. Alors, nous découvrirons la joie de Dieu, la joie qui traverse toutes les souffrances, tous les péchés, toutes les misères, la foi est capable de tout, la foi soulève les montagnes, la foi sauve en vérité. Demandons au Seigneur que l'amour nous délivre de nos fautes, que l'amour nous ouvre à la plénitude de l'amour. Nous sommes, comme le Christ, en marche vers le Père. « *Je sens en moi une eau qui me dit, viens vers le Père* » disait saint Ignace d'Antioche en allant au martyre. Que cette eau qui est l'Esprit-Saint coule en chacune de nos vies et tout le reste nous sera donné par surcroît. Amen !

Vingt-cinquième dimanche du temps ordinaire

Sagesse 2, 12-20 Jacques 3, 16-4,3 Marc 9, 30-37

Il n'est pas de jour où nous n'ayons des nouvelles effrayantes à entendre, des images atroces à voir. Nous mesurons que nous sommes dans un monde d'atrocités, un monde de mal et de péché qui nous enveloppent de partout.

Le monde qui est là devant nous est un monde déchiré dont nous partageons le sort. Le Seigneur le connaît et il sait à quelles profondeurs d'atrocités le mal existe. Jésus instruisait ses disciples pour leur annoncer que tout était dans la mort qu'il allait subir et dans la résurrection qu'il connaîtrait ensuite. *« Le Fils de l'homme est livré entre les mains des hommes ; ils le tueront et, trois jours après il ressuscitera ».*

Les paroles du Christ sont extraordinaires : elles montrent la profondeur du mal qui assaille les peuples, ce mal qui nous torture et qui nous touche. Le Fils de l'homme mourra livré aux mains des hommes c'est-à-dire livré à cette méchanceté qui va jusqu'au fond du cœur, et qui fait que tout est pris dans le mal. Qu'y a-t-il de plus terrible que la mort du Fils de Dieu ? Le Fils de l'homme va mourir dans sa chair, le Seigneur le sait. Nous ne pouvons mesurer la profondeur du mal que si nous contemplons de l'intérieur cette destruction du corps du Christ qui est le coeur de la vie du monde.

« *Livré aux mains des hommes* » ! Il n'y a pas de formule plus atroce ! Pour le Christ, l'atrocité suprême est d'être livré aux mains des païens. Il est livré au mal, il le dit à ses disciples mais ceux-ci ne comprennent pas. Ils ne peuvent pas comprendre et il ont même peur de l'interroger. Pourtant, il est facile de percevoir dans l'attitude du

Christ combien il veut se faire comprendre des apôtres et leur annoncer son mystère de mort et de résurrection. La pédagogie du Seigneur échoue devant ces perspectives qui ne sont pas familières aux apôtres. Ils croient à ce que dit le Seigneur mais ils ne savent pas ce qu'il veut dire. Et ce qu'il y a de plus terrible est que la seule chose que se demandent les apôtres est « *quel est le plus grand* » ?

« *Ils avaient discuté entre eux pour savoir qui était le plus grand* ».Le Christ qui connaît le fond des cœurs leur livre son secret : « *Si quelqu'un veut être le premier, qu'il soit le dernier tous et le serviteur de tous* ». Pour répondre au mal qu'il y a dans le monde la seule solution est d'être le dernier de tous et le serviteur de tous ! Le Seigneur nous appelle à une plongée dans son mystère pour découvrir que c'est dans l'enfant qui n'a pas de puissance, qui n'a pas voix au chapitre que se tient tout le mystère de Dieu. Remarquez bien la scène : « *Prenant alors un enfant, il le place au milieu d'eux, l'embrasse, et leur dit : « Celui qui accueille en mon nom un enfant comme celui-ci, c'est moi qu'il accueille. Et celui qui m'accueille, ne m'accueille pas moi, mais Celui qui m'a envoyé* ».

C'est un horizon immense qui s'ouvre devant nous car nous avons à être des enfants. Le texte de la Sagesse nous parle de ce monde de misères et de souffrances qui conduisent au mal : « *Ceux qui méditent le mal se disent en eux-mêmes : attirons le juste dans un piège, car il nous contrarie, il s'oppose à notre conduite, il nous reproche de désobéir à la loi de Dieu... condamnons-le* à une mort infâme ». Et saint Jacques décrit notre monde : « *D'où viennent les guerres, d'où viennent les conflits entre vous ? N'est-ce pas justement de tous ces instincts qui mènent leur combat en vous-mêmes ?* ». Ces textes nous disent que toutes les tragédies viennent du mal qu'il y a dans le cœur de l'homme. Tout cela, le Seigneur le sait et il nous demande d'en prendre conscience. Nous n'avons qu'une chose à faire c'est à être le dernier de tous et le serviteur de tous. L'amour du Seigneur est dans cette toute petite place qu'il a prise, et il nous demande d'être, à notre tour, serviteur.

Il y a dans le mystère du Christ cette volonté de s' affronter au mal pour de bon avec sa puissance et son amour. Y croyons-nous ? Hélas, nous aussi nous discutons entre nous de choses futiles et le Seigneur nous invite à le regarder, lui, le serviteur.

« *Etre le dernier et le serviteur de tous* ». Est-ce possible ? Comment est-ce possible ? Un enfant est l'image de celui qui est près du Seigneur. Il nous faut rentrer dans ce mystère de petitesse et d'enfance. L'enfant par excellence, c'est le Christ. C'est le Christ qui est l'enfant de son Père et accomplit sa volonté. Nous avons à rentrer dans ce mystère jusqu'au bout. Croyons-nous à ce mystère de petitesse ? Ces guerres, ces attentats, ces massacres nous appellent-ils à plonger dans le mystère de Dieu, à voir les choses dans l'angle où le Seigneur les voit et non comme nous les voyons ? Le Seigneur nous demande d'inverser toutes les valeurs. Les valeurs les plus fondamentales sont les valeurs de don et d'amour, accueillir le plus petit comme le plus grand, accueillir le plus petit qui nous donne d'accueillir le Christ lui-même et Celui qui l'a envoyé.

Ce mystère d'enfance nous permet de vivre les béatitudes, nous permet de vivre de l'amour de Dieu, nous permet, malgré toutes ces souffrances et ces misères, d'être ouverts aux malheurs de nos frères et d'aider ceux qui sont en difficultés. Etre prêts à tout donner. L'amour, la vérité de l'amour est le don du Seigneur, le don infini qui fait de nous des artisans de paix. S'Il y a une contagion dans le mal, il y a aussi une contagion dans le bien. Nous avons à nous appeler les uns les autres dans le même mystère et nous devons laisser nos frères nous ouvrir à ce même mystère.

Laissons-nous faire, laissons l'amour pénétrer en nous et nous donner un regard nouveau, un regard qui ne soit pas celui de la tristesse mais de l'amour. Durant tous ces mois que nous venons de vivre, il y a vraiment une souffrance atroce qui jaillit devant ce malheur du monde et ces victimes innocentes. Il doit y avoir en nous une compassion infinie, active, vivante comme celle du Christ qui soit réception de l'autre et entrée de l'autre dans le mystère de communion avec Dieu.

Dans l'Eucharistie que nous allons célébrer, nous demanderons au Seigneur d'entrer dans cette passion avec le Christ. Nous sommes faits, comme le Christ, pour notre heure de la manière qu'il veut et comme il veut. Pour cela il faut s'y préparer et vouloir rentrer dans le mystère du Christ. Nous demander qui est le premier ou le dernier n'a aucun sens et le Seigneur le montre bien par son attitude. Clamons au Seigneur notre indigence : nous sommes des pauvres, nous ne savons pas aimer, nous sommes des pauvres, nous ne savons pas donner, nous sommes des pauvres, nous ne savons pas nous ouvrir aux malheurs de l'autre. Demandons au Seigneur de changer notre regard, de nous transfigurer de l'intérieur et de nous donner de devenir des être nouveaux.. Le Seigneur a besoin que nous manifestions au monde son vrai visage. Il faut que nous soyons sûrs que la joie de Dieu transparaisse sur notre visage. Nous sommes engagés dans ce mystère de croix et de résurrection, de tendresse et de joie. Nous ne pouvons pas vivre sans les Béatitudes sinon notre vie est infernale (sic). Il faut découvrir que Dieu aime, Dieu aime à l'infini. Il fait de nous des êtres capables de porter les souffrances de leurs frères et d'entrer dans leurs souffrances.

Nous avons à entrer dans ce mystère de joie qui est au cœur du mystère du Christ. « *Je vous laisse ma paix, je vous laisse sa joie* »(cf Jn 14,27). Le Seigneur nous a promis le bonheur moyennant que nous apportions les conditions que le Seigneur veut, conditions d'accueil et d'amour, conditions d'accueil et de joie. Demandons au Seigneur d'entrer dans ce mystère et nous serons des témoins fidèles du Seigneur. Amen !

Vingt-sixième dimanche du temps ordinaire

Livre des Nombres 11, 25-29 Jacques 5, 1-6
Marc 9, 38-48

Le Seigneur nous donne dans la lecture du livre de Nombres un esprit de tolérance : *« Le Seigneur descendit dans la nuée pour s'entretenir avec Moïse. Il prit une part de l'Esprit qui reposait sur celui-ci, et le mit sur les soixante-dix anciens du peuple. Dès que l'Esprit reposa sur eux, ils se mirent à prophétiser, mais cela ne dura pas. Or, deux hommes étaient restés dans le camp ; l'un s'appelait Eldad, et l'autre Médad. L'Esprit reposa sur eux ; bien que n'étant pas venus à la tente de la Rencontre, ils comptaient parmi les anciens qui avaient été choisis, et c'est dans le camp qu'ils se mirent à prophétiser. Un jeune homme courut annoncer à Moïse : « Eldad et Médad prophétisent dans le camp » Josué, fils de Noun, serviteur de Moïse depuis sa jeunesse, prit la parole : « Moïse, mon maître, arrête-les ! ». Mais Moïse lui fit : « Serais-tu jaloux pour moi ? Ah ! Si le Seigneur pouvait mettre son Esprit sur eux, pour faire de tout son peuple un peuple de prophètes ! ».*

Une réalité fondamentale est manifestée ici : l'action déborde les institutions mêmes que Dieu créée. Il les déborde et il agit à sa guise pour révéler le mystère de sa transcendance et de sa liberté. Les deux hommes qui sont restés dans le camp et qui n'ont pas été sur la montagne reçoivent l'Esprit comme les autres. Moïse ne s'étonne pas. Lorsqu'on demande de les arrêter, il dit simplement : « *Serais-tu jaloux pour moi* ? ». Le souhait de Moïse est que tout le peuple soit un peuple de prophètes. A la Pentecôte, l'Esprit-Saint créée ce peuple de prophètes pour rendre gloire à Dieu, pour témoigner les merveilles de Dieu, pour annoncer au monde le salut.

Nous trouvons la même idée dans l'Evangile de saint Marc. « *Maître, nous avons vu quelqu'un chasser des esprits mauvais en ton nom ; mais cet homme n'est pas de ceux qui nous suivent, et nous avons voulu l'en empêcher* » *Jésus répondit :* « *Ne l'empêchez pas, car celui qui fait un miracle en mon nom ne peut pas, aussitôt après, mal parler de moi ; celui qui n'est pas contre nous est pour nous* ». C'est une attitude de compréhension, une attitude d'ouverture, une attitude de paix et de joie, de compréhension fraternelle. Nous devons accepter ce que le Seigneur fait, nous devons accepter les attitudes qu'il choisit. Le Seigneur demande d'ailleurs que la plus petite chose faite par quelqu'un (comme donner un verre d'eau fraîche), ne reste pas sans récompense. Mais cette tolérance à l'égard de ceux qui ne sont pas, je dirais, de notre bord, de ceux qui ne sont pas dans la sphère visible de l'Eglise, nous avons à la découvrir beaucoup plus profondément, en découvrant la profondeur de notre péché. Nous avons à découvrir à quelle profondeur de péché nous pouvons descendre. Si nous sommes touchés par ce mal qui est au fond de notre cœur, nous pourrons nous ouvrir à nos frères et comprendre leur souffrance et les aimer, même s'ils ont péché.

Vous connaissez les formules hyperboliques qu'il y a dans l'enseignement du Christ : « *Celui qui entraînera la chute d'un de ces petits qui croient en moi, mieux vaudrait pour lui qu'on lui attache au cou une de ces meules que tournent les ânes et qu'on le jette à la mer. Il vaut mieux entrer estropié dans la vie éternelle que d'être jeté avec tes deux pieds dans la géhenne. Il vaut mieux avoir le pied coupé pour entrer dans la vie éternelle* ».

Ces formules signifient l'absolu du Royaume de Dieu, l'absolu de l'amour, l'absolu de la vérité. Nous sommes pris dans une attitude du Christ de compréhension profonde de nos frères au plus profond d'eux-mêmes. Jésus-Christ nous apprend à les comprendre pour ce qu'ils sont mais à les comprendre avec amour. Le Seigneur veut que nous sachions découvrir le péché qui est en nous et que nous puissions entrer dans la miséricorde de Dieu avec cette plénitude et cette vérité que le Seigneur demande.

Le Seigneur condamne en vérité le péché qui entraîne la chute d'un petit, car c'est commettre un péché contre la charité qui est au cœur de l'évangile. « Il vaudrait mieux dit Jésus.... ». Nous entrons dans le mystère du choix ; il faut choisir dans ce que le Seigneur demande, il faut choisir dans toute la vérité du Seigneur, dans le don de lui-même, et nous laisser entraîner dans le feu de son amour. Nous sommes frères de tous les hommes, et nous devons être tolérants pour eux, nous devons comprendre tous nos frères. Si paradoxal que cela soit, la vérité nous oblige, non pas au sectarisme, mais au contraire à la pleine lumière, à la pleine vérité, à la pleine compréhension de l'autre. Nous avons à comprendre nos frères jusqu'au bout, comme le Christ nous a aimés jusqu'au bout. Nous avons à les comprendre de l'intérieur. Le miracle qu'accomplit le Seigneur est ce miracle de compréhension intérieure, de compréhension par le fond, de compréhension par le cœur.

Nous devons demander au Seigneur de nous jeter dans cette miséricorde infinie. Sinon, nous ne faisons que ramasser de l'argent qui disparaîtra, des vêtements qui seront mangés par les mites, la rouille qui dévorera. Il faut vraiment amasser pour le Seigneur, pour lui uniquement. Nous sommes pris dans un monde où la guerre fait rage comme jamais, entraînant souffrances et misères. Il nous faut retrouver les réalités de l'amour, les retrouver pleinement. On massacre des gens, on tue l'innocent sans qu'il résiste. Nous devons devenir des êtres qui soient artisans de paix, des artisans de la charité fraternelle, de la charité qui construit le monde, de la charité qui construit l'Eglise.

Le Seigneur ne mâche pas ses mots : « *Il vaut mieux entrer estropié dans la vie éternelle que d'être jeté avec ses deux pieds dans la géhenne* ». Il s'agit de se donner au

Seigneur totalement et pour cela il faut couper les liens qui nous entraînent au péché. Il faut nous lancer dans le mystère de Dieu avec sa grâce pour le connaître et le comprendre.

Découvrir le royaume de Dieu, qu'est-ce sinon découvrir cette exigence d'amour qui est compréhension et tolérance mais qui est aussi appel à entrer dans le mystère de Dieu ? C'est un appel à nous laisser faire. Nous devons mesurer l'invraisemblable aventure que le Seigneur nous invite à découvrir : il nous livre au monde comme il s'est livré lui-même. Nous avons à vivre à sa suite et si lui, Jésus, n'a pas eu à se défendre du péché, nous avons d'abord à nous défendre du péché pour nous donner tout entiers et rentrer dans le royaume de Dieu.

Nous devons aimer comme le Christ a aimé avec cette compréhension, cette transparence, cette certitude que le moindre de nos gestes ou la moindre de nos paroles peuvent avoir une signification profonde car c'est le rapport au Christ qui est engagé. *« Celui qui vous donnera un verre d'eau au nom de votre appartenance au Christ. Amen, je vous le dis : il ne restera pas sans récompense »*. Le Seigneur nous appelle à le découvrir dans la chose la plus minime, lui qui est notre rédemption, notre joie, notre vérité, notre amour. Soyons un peuple de prophètes annonçant les merveilles de Dieu et la joie de la rencontre avec Dieu et nos frères. Le plus grand don que le Seigneur nous fait, ce sont nos frères, il faut les aimer.

Demandons au Seigneur de ne pas scandaliser les petits, les faibles tous ceux qui sont nos frères mais d'entrer dans la miséricorde de Dieu et d'aimer comme le Christ a aimé en nous laissant conduire par l'Esprit. L'Esprit-Saint peut tout transformer en nous, il en a la capacité, il nous invite à découvrir des chemins que nous ne connaissons pas. Entrons dans ces chemins avec lui, entrons dans le mystère de Dieu, ce mystère qui est notre joie et notre paix. Amen !

Vingt-septième dimanche du temps ordinaire

Genèse 2, 18-24 Hébreux 2, 9-11 Marc 10, 2-16

Nous avons aujourd'hui deux très beaux textes concernant le mariage : l'un sur la création de la femme et l'origine du mariage, l'autre sur l'indissolubilité du mariage. Ces textes sont d'une extrême importance parce qu'ils traduisent le mystère même de la création et ce que le Seigneur veut à travers elle. Et pourtant ce ne sont pas ces textes que je commenterai, je voudrai m'arrêter sur une phrase de l'épître aux Hébreux qui est d'une profonde richesse.

« *Si donc Jésus a connu la mort, c'est, par grâce de Dieu, pour le salut de tous* ». Il y a un paradoxe inouï dans cette affirmation : c'est par grâce que la mort du Christ nous est donnée, c'est par l'expérience de la mort que le Christ vient à tous. Le Christ a fait l'expérience de la mort mais il ne regarde pas cela comme une punition. Il la regarde dans la lumière de Dieu et il y voit la grâce de Dieu. Une grâce inouïe, la grâce de passer auprès du Père, la grâce même de Dieu.

Le Christ a goûté la mort parce qu'il voulait nous sauver. Tout est là ! Si la mort est une grâce, c'est parce que Dieu veut avoir une multitude de fils à conduire jusqu'à la gloire. Il veut avoir une multitude de fils qui soient le reflet de ce qu'il est. Pour cela, il était normal qu'il mène à sa perfection par la souffrance celui est à l'origine du salut de tous. De nouveau, nous retombons, paradoxalement, dans la souffrance. « *Il était normal qu'il mène à sa perfection, par la souffrance celui qui est à l'origine du salut de tous* ». La passion, la mort, la souffrance sont exprimées avec la force même du mystère de Dieu. Ces phrases nous scandalisent quelque peu si nous ne prenons pas ces expressions par le fond. Le Seigneur a besoin de nous sauver, jusqu'au bout en nous menant à la perfection. Il est à l'origine du salut de tous et il veut nous conduire à la plénitude de la joie. Car, ce que Dieu veut, ce n'est pas la souffrance, ni la mort, mais la béatitude et le bonheur. Pour cela, l'évangile ne biaise pas : il faut passer par la souffrance et par la mort qui seules, sont capables de nous sanctifier.

Nous avons à aimer comme le Christ nous aime, comme le Père nous aime. Nous le pouvons parce que Jésus qui sanctifie et les homme qui sont sanctifiés sont de la même race, comme dit l'épître aux Hébreux. Nous sommes des frères du Christ : « *Il n'a pas honte de nous appeler* ses *frères* ». Le mystère de la passion et de la mort du Christ nous paraît quelquefois si douloureux et incompréhensible que l'Ecriture nous invite à fixer les yeux sur ce mystère avec une regard éclatant de lumière, avec la certitude que la mort nous mène à la gloire, que la mort est là pour la vie, pour la plénitude de la vie. Il y a un don de Dieu qui est la vie et celle-ci doit s'épanouir en plénitude dans la vérité de l'amour que le Christ nous manifeste. « *Il les aima jusqu'au bout* » (cf Jn 13). Nous avons à être comme le Christ « *Tel il est lui, nous dit saint Jean, tels nous sommes, nous, dans le monde ».(cf 1 saint Jn)*

Le Seigneur veut notre gloire c'est-à-dire notre transfiguration dans la lumière de Dieu et notre entrée dans ce qu'il y a de plus intime dans le mystère de Dieu car nous sommes appelés à y communier. Nous sommes invités à communier jusqu'au bout au mystère de Dieu en faisant l'expérience de la mort par la souffrance et de la résurrection. « *Ne fallait-il pas que le Christ souffrit ?* » (Luc 24,26). Il faut passer par bien des tribulations pour entrer dans le royaume de Dieu.

Vivre le mariage chrétien, c'est avoir constamment à l'arrière-plan cette vérité de l'Evangile toute entière prise dans le mystère infini de paix et de joie de Dieu.

Mais le texte de l'épître aux Hébreux est bouleversant de franchise et de vérité. Il s'agit de « *goûter la mort* » et d'en faire une gloire pour le Seigneur. Nous avons à être conduits nous-mêmes à la gloire et comme le Créateur et Maître de tout veut avoir une multitude de fils, nous devons passer par la croix et la résurrection.

Croyons-nous à la croix et à la résurrection ? Croyons-nous à cette croix qui pénètre jusqu'au cœur et qui triomphe de tout ? Croyons-nous que la croix est capable de nous sauver de toutes nos misères, de toutes nos faiblesses ? Voilà ici le fondement du mariage chrétien, comme de la vie en Dieu. Nous savons qu il est difficile de bien vivre une vocation que ce soit celle du mariage ou une autre. Pour bien vivre, nous avons besoin de la grâce de Dieu, nous avons besoin qu'elle devienne naturelle et qu'elle nous prenne au plus profond de nous-mêmes pour nous changer. Nous avons besoin de la grâce pour être nous-mêmes et nous découvrir tels que nous sommes. La plupart du temps, nous ne nous connaissons pas comme le Seigneur nous connaît et nous avons besoin d'être connu du Seigneur pour nous connaître nous-mêmes.

Demandons au Seigneur d'entrer dans l'expérience de la grâce de Dieu qui est sur nous pour le salut de tous. Nous sommes dans la grâce de Dieu. Un grâce inouïe qui fait chanter l'amour de Dieu dans la détresse. Pour les martyrs, les saints ont vu dans la gloire le chant d'amour de Dieu. Avez-vous pensé que saint François d'Assise chante les béatitudes, chante la plus grande gloire de Dieu lorsqu'il est aveugle, sur une paillasse en compagnie de rats ? Il est vraiment démuni, tout a disparu, il ne lui reste plus que la gloire de Dieu. Et saint Jean de la Croix, écrit le plus beau chant d'amour, prisonnier dans un réduit ! Il y a là une expérience que seuls font les saints mais qui est la norme de la vie, de la vérité.

Le Seigneur nous veut lumineux, transparents, pleins de gloire. Nous sommes devant l'appel à la perfection de l'amour qui est plénitude de charité. Demandons au Seigneur d'y entrer puisque nous sommes de la même race que Jésus, que son sang est notre sang, que sa chair est notre chair et qu'il n'a pas honte de nous appeler ses frères. Laissons-nous devenir des êtres pourchassés par l'amour de Dieu, pourchassés par la vérité de l'amour. Nous ne nous laissons pas souvent pourchasser par l'amour et pourtant l'amour est bon mais le Seigneur ne nie pas que pour transformer notre amour en véritable charité, il faille la souffrance et finalement la mort. Il faut que nous demandions au Seigneur de comprendre cela, attention, il ne s'agit pas de masochisme ! Le Seigneur ne se plait pas à faire souffrir, c'est nous qui, par notre péché, notre manque de transparence, notre manque de lumière, empêchons l'amour de Dieu de faire son œuvre. La croix est la révélation bouleversante de cet amour qui nous enveloppe. La croix est là, mais c'est la croix de gloire, la croix qui nous sanctifie et qui nous sauve.

Dans l'Eucharistie que nous allons célébrer, nous demanderons au Seigneur d'être au cœur du mystère de l'Eglise, d'être avec le Christ qui s'est abaissé et que Dieu a couronné de gloire et d'honneur. Nous, nous ne nous sommes pas abaissés, nous sommes au même niveau que lui puisqu'il est venu vers nous et pourtant nous sommes appelés à être couronnés de gloire et d'honneur, déjà dans notre vie. A la mesure où nous sommes fidèles à ce que le Seigneur nous appelle à faire, nous connaissons l'expérience de la joie, l'expérience de la lumière, l'expérience de l'amour.

Chantez l'amour de Dieu, chantez-le du fond de votre être et laissez-vous prendre par Celui qui veut nous mener à sa perfection. Qu'il vous mène là où il veut, comme il veut, de la manière qu'il veut. Ne mettez pas de limites, si vous en mettez, le Seigneur les brisera jusqu'à vous amener à plus de souffrance parce que vous n'aurez pas été fidèles à cette souffrance qui appelle à l'amour.

Demandons ensemble de connaître cet amour de Dieu, de connaître cet amour qui fait de nous des frères. Nos frères nous sont donnés gratuitement, nous avons à les aimer gratuitement, nous avons à les recevoir de la main du Père. Alors tout devient lumineux au cœur même de la souffrance et de la mort. Nous sommes dans un monde en gestation qui éclatera dans la gloire. Que nous soyons là, avec le Christ, à jamais. Amen !

Vingt-huitième dimanche du temps ordinaire

Sagesse 7, 7-11 Hébreux 4, 12-13 Marc 10, 17-30

L'évangile nous met devant un paradoxe étonnant, celui de ne pas simplement se fixer sur l'avoir, mais de se fixer sur l'être, de ne pas se fixer sur le fait de tout quitter mais d'apprendre à tout recevoir. La Parole de Dieu est ici extraordinaire. Elle nous met face à ce jeune homme qui vient trouver le Christ, qui a observé tous les commandements et que le Seigneur prend en affection. « *Posant alors son regard sur lui, Jésus le prit en affection* ». Jésus lui dit en guise de réponse à son ultime question : « *Une seule chose te manque : va, vends tout ce que tu as, donne-le aux pauvres et tu auras un trésor au ciel ; puis viens et suis-moi* ».

Le jeune homme demande ce qu'il faut faire : « J'ai observé tous les commandements, que faut-il faire ? ». C'est vraiment le problème. Ce qu'il faut faire, c'est « être », et c'est ce que le Seigneur veut lui faire découvrir. Jésus veut lui faire découvrir que le don total au mystère de Dieu lui manque. Etre dans la lumière de Dieu et trouver son trésor dans le Seigneur : « *Viens et suis-moi* ». C'est un appel profond qui rejoint le cœur du jeune homme riche mais qui reste cependant infructueux. Car le jeune homme est fixé sur de grandes richesses.

Nous avons tous à découvrir que nous sommes fixés sur nos richesses, sur ce qui nous empêche de découvrir le mystère de Dieu, sur ce don que le Seigneur veut nous faire et que nous oublions. Nous avons à être et pour cela il faut tout quitter, tout laisser pour recevoir.

Laisser, quitter pour recevoir. Il est paradoxal qu'il faille quitter tout pour recevoir. C'est pourtant le sens de l'évangile. Il faut tout abandonner, être prêts à abandonner tout ce que veut le Seigneur pour recevoir gratuitement. Le don est celui de la gratuité ineffable que le Seigneur veut pour nous. Elle nous est donnée dans cette sagesse infinie qui est la prière. Il s'agit pour nous de demander la sagesse : elle nous sera donnée. Il s'agit aussi de tout quitter pour tout recevoir de Dieu.

Quitter pour recevoir. Il n'y a pas de plus beau mouvement dans la vie chrétienne que celui-là. Quitter pour recevoir. Comme saint Paul, laissons derrière nous tout ce qui fait difficulté, pour regarder devant nous et aller de l'avant pour être dans le mystère de Dieu tout entier. Mais cette vision de donner pour recevoir, de donner sans retour pour recevoir, n'est pas familière aux apôtres et ils ne comprennent pas. C'est pourquoi Jésus-Christ reprend : *« Mes enfants, comme il est difficile d'entrer dans le Royaume de Dieu ! Il est plus facile à un chameau de passer par le trou d'une aiguille qu'à un riche d'entrer dans le Royaume de Dieu »*. Les disciples sont déconcertés parce qu'ils ne comprennent pas que l'entrée dans le Royaume de Dieu est cette gratuité, ce don, cette absence de calcul, cette absence de recherche mais elle est dans l'abandon total à la Parole de Dieu et à son amour. Tout doit être ordonné à l'amour.

Devant les difficultés qu'ils rencontrent en entendant le langage de Jésus, les disciples lui demandent alors : *« Mais alors qui peut être sauvé ? »* Jésus les regarde et répond : *« Pour les hommes, cela est impossible, mais pas pour Dieu ; car tout est possible à Dieu »*.

« Tout est possible à Dieu ». Tout est possible parce qu'il y a au cœur de nos vies la Parole de Dieu, cette Parole plus coupante qu'une épée à deux tranchants qui pénètre jusqu'au plus profond de l'âme. Le Seigneur nous demande de nous livrer à cette parole, de savoir que nous sommes à nu devant elle et qu'elle nous appelle à cette réception de nous-mêmes en lui. Nous croyons toujours

bien faire en « faisant toujours plus ». Nous voulons faire, nous voulons agir, nous voulons faire des œuvres mais ce n'est pas le mouvement du Seigneur.

Le mouvement du Seigneur est de nous mettre devant lui à l'écoute de sa Parole, pour que tout aille selon le mystère de Dieu, que tout soit reconnu et pour que nous découvrions que le seul qui existe, comme dit Jésus, c'est le « Bon Maître ». Le « bon », c'est le Seigneur. Personne n'est bon sinon Dieu seul ! Nous avons à découvrir ce mystère du don de Dieu qui est vraiment de tout quitter pour tout recevoir. C'est la loi de l'amour infini. Cela est demandé à tous, et pas seulement à ceux qui professent les conseils évangéliques. Le Seigneur nous demande de tout quitter pour le rejoindre en vérité, pour connaître cette sagesse qui éclaire le monde, en fonction de quoi tout n'est qu'un peu de sable. D'ailleurs, si nous tendons à tout garder, notre bouche demeure avec un goût de cendres.

Il s'agit d'aimer la sagesse, c'est-à-dire d'aimer le Christ, d'aimer cette personne inouïe, inoubliable qu'est le Seigneur. Nous avons à le découvrir et à rentrer en lui. Toutes les richesses du Seigneur sont nôtres mais ce sont des richesses données gratuitement, données avec simplicité, des richesses impossibles à acheter. « *Vraiment, je vous le dis : personne n'aura quitté, à cause de moi et de l'Evangile, une maison, des frères, des sœurs, une mère, un père, des enfants ou une terre, sans qu'il reçoive, en ce temps déjà, le centuple : maisons, frères, sœurs, mères, enfants et terres, avec des persécutions et, dans le monde à venir, la vie éternelle* ».

Demandons au Seigneur la grâce de lâcher nos grands biens. Nous avons de grand biens. Qu'ils soient petits n'empêchent pas qu'ils soient grands : ils nous empêchent de rentrer dans le mystère de Dieu. Ce fil qui nous tient est un obstacle à notre développement dans la lumière de Dieu et nous empêche de gravir la montagne de Dieu.

Dans l'Eucharistie que nous allons célébrer, nous demanderons au Seigneur de nous laisser prendre par son amour, de nous laisser prendre par sa paix, par sa joie, de nous laisser envahir par son amour. C'est dans la joie de Dieu que tout est donné, c'est dans sa joie que le Seigneur nous fait entrer, non pas en multipliant des actes mais en quittant tout.

Pierre, Paul, Jean ont tout laissé pour le Seigneur et nous savons ce qu'il en est advenu. Nous n'avons qu'à faire de même et nous connaîtrons la même vérité de l'Evangile, la même vérité, la même joie et la même paix. Le Seigneur est le Seigneur : il fait des merveilles dans nos vies. Il nous donne tout : des persécutions mais surtout la vie éternelle dans laquelle nous demeurons, dans laquelle nous faisons notre habitation.

Nous aimons le Seigneur et nous lui demandons de demeurer en lui. Il est notre amour, il est notre justification. Venons à lui et soyons à lui. « *Viens et suis-moi* ». Amen !

Vingt-neuvième dimanche du temps ordinaire

Isaïe 53, 10-11 Hébreux 4, 14-16 Marc 10, 35-45

Nous demandons tous la place que Jacques et Jean, les fils de Zébédée, réclament c'est-à-dire la première. Ils la demandent au nom de toute l'humanité, parce que l'humanité entière désire cela. On désire être grand, on désire siéger à la droite de Dieu et à sa gauche. Et le Seigneur nous dit à tous que la seule chose à demander est ce que, lui, veut. Jésus leur dit : « *Vous ne savez pas ce que vous demandez. Pouvez-vous boire à la coupe que je vais boire, recevoir le baptême dans lequel je vais être plongé ?* ». « *Nous le pouvons* ». « *La coupe que je vais boire, vous y boirez, et le baptême dans lequel je vais être plongé, vous le recevrez. Quant à siéger à ma droite ou à ma gauche, il ne m'appartient pas de vous l'accorder, il y en a pour qui ces places sont préparées* ».

Nous sommes là devant tout le mystère de notre être désirant que le Dieu tout-puissant, le Dieu transcendant intervienne pour nous accorder la première place. Nous devons découvrir que Dieu est l'au-delà de tout. Il est celui qui peut décider de toute éternité ce que nous avons à être. Il se manifeste à travers la volonté qu'il exprime. Cette transcendance ne nous met pas loin du Seigneur. Le Seigneur nous emmène plus loin et nous montre qu'il est encore plus merveilleux puisque nous pouvons nous abandonner totalement à lui pour le découvrir. A l'inverse des apôtres il faut acquérir cette attitude, c'est-à-dire ne pas commander en maître mais devenir serviteur. Il faut désirer la place que le Seigneur a choisie pour nous. Lui, a choisi celle de nous servir et de donner sa vie en rançon pour la multitude.

Le Seigneur est venu se donner jusqu'au bout, se donner dans l'amour. Le texte de l'épître aux Hébreux le dit merveilleusement : « *En Jésus, le Fils de Dieu, nous avons le grand prêtre par excellence, celui qui a pénétré au-delà des cieux* ». « *Dans tous les domaines, il a connu l'épreuve* ». Tout la difficulté de notre vie chrétienne est de découvrir que les valeurs les plus fondamentales de la vie sont à l'inverse de celles du monde. Il ne s'agit pas pour nous d'être les premiers au sens où le monde l'entend ; il ne s'agit de se mettre en avant, ni d'être mis en avant, mais il s'agit de répondre à l'amour du Seigneur qui est venu partager nos faiblesses. « *Il a connu l'épreuve, absolument comme nous, et il n'a pas péché* ». Voilà l'image de celui qui vient nous apprendre à être des petits, à être des humbles, à devenir semblables au Seigneur, tout livrés à l'amour du Père.

Le livre d'Isaïe nous dit : « *Le Seigneur a voulu broyer son serviteur par la souffrance. Mais s'il fait de sa vie un sacrifice d'expiation, il verra sa descendance, il prolongera ses jours* ». L'Evangile a besoin d'être regardé comme il faut. Depuis les origines, du cœur de l'humanité, un cri jaillit à travers la Bible : nous voulons être les vainqueurs, nous voulons être les premiers. Le Seigneur est venu nous apprendre à aimer : c'est en se mettant aux pieds de nos frères, en étant esclaves de tous. « Esclave de tous » ou « donner sa vie en rançon pour la multitude » concerne le Christ mais en réalité nous avons à être d'autres « Christs ». « Tel il est lui, tels nous sommes, nous, dans le monde »(cf 1 Jn 4, 17).

Tout ceci peut apparaître négatif. Jean et Jacques ont posé leur question au Seigneur. Il a refusé de répondre, comme il refusera de répondre lorsque Pierre l'interrogera sur le mystère de Jean. Le Seigneur veut garder sa liberté pour nous faire pénétrer plus avant dans sa lumière qui est le bon plaisir de Dieu. Ce que nous avons à découvrir, c'est ce bon plaisir de Dieu qui ne veut pour nous que l'amour, qui ne veut pour nous que la lumière. Il se s'agit pas de regarder les souffrances. Elles sont là, mais il s'agit de regarder la lumière dont parle Isaïe : « *A cause de ses souffrances, il verra la lumière, il sera comblé. Parce qu'il a connu la souffrance, le juste, mon serviteur, justifiera les multitudes, ils se chargera de leurs péchés* ».

Le Christ va vers la mort ! Et c'est dans cette montée à Jérusalem qui mène Jésus à la mort que les disciples demandent à être les premiers. Ils sont vraiment inconscients, ils n'ont pas idée de ce qui se passe, ils n'ont pas idée du mystère du Seigneur qui, pourtant, a voulu leur ouvrir les yeux. Mais ils ne voient pas, ils n'écoutent pas. Il leur faudra la croix pour le découvrir. Ce que dit Isaïe et l'Evangile est ce qu'il nous faut retenir : le Seigneur justifiera les multitudes et il se chargera de leurs péchés ; la lumière se répandra dans le monde.

« *A cause de ses souffrances, il verra la lumière, il sera comblé* ». C'est ce que le Seigneur veut. Il ne veut pas la mort, il ne veut pas que nous passions par ce qui est la négation même du mystère de Dieu : la mort éternelle. Il veut que nous vivions pour la vie éternelle, de cette vie toute tournée vers le Seigneur, comblée par le Seigneur. Il s'agit de laisser le Seigneur nous livrer à l'amour, nous donner à l'amour. « *Parce qu'il a connu la souffrance, le juste, le serviteur justifiera les multitudes* » : nous participons à ce mystère de la souffrance dans le monde. « *Broyé par la souffrance, le serviteur a plu au Seigneur* ». Nous sommes tous appelés à cela, nous sommes tous appelés à voir s'accomplir en nous la volonté de Dieu. Nous avons un grand-prêtre, par excellence, celui qui chante la gloire de Dieu pour nous, devant son Père, celui qui nous introduit dans son propre mystère, celui qui nous transforme à travers l'épreuve que nous pouvons traverser.

Nous pouvons nous en remettre au Seigneur, avec pleine assurance d'obtenir miséricorde et de recevoir la grâce de son secours en temps opportun. Nous avons à découvrir l'amour du Seigneur qui s'abaisse, cet amour qui se manifeste sur la croix du Christ. C'est toujours la même réalité fondamentale, le même don, le même amour.

La demande de Jacques et de Jean est extrêmement éclairante pour nous. Elle signifie que nous ne pouvons pas demander au Seigneur autre chose que ce que le Seigneur veut pour nous. C'est la volonté du Seigneur qu'il nous faut découvrir en cette vie. Ce sera peut-être la dernière place mais si elle est pour nous, elle sera la première parce que le Seigneur nous aime d'un amour unique, d'un amour étonnant, d'un amour qui nous transforme, qui est joie et paix dans la vérité.

Le Christ s'est fait « péché » comme dit saint Paul. Il s'est chargé de nos péchés et désormais nous pouvons lui rendre grâce d'être pris dans le mystère du Fils et du Père, qui nous mettra dans la lumière et dans la réalité de l'amour divin.

Nous avons à rentrer dans la joie de Dieu. Nous avons à y entrer avec tout notre allant, notre don. C'est le Seigneur qui le demande. Nous avons à offrir notre vie en rançon pour la multitude. Cela n'est pas seulement dit pour le serviteur souffrant, cela est dit pour nous. Nous avons à prendre, comme le Christ, la place des pécheurs et à entrer dans ce mystère pour sauver les hommes.

« *Le plus grand sera votre serviteur* ». Demandons au Seigneur, dans l'Eucharistie que nous allons célébrer, d'imiter le Seigneur, « *de faire de nous l'esclave de tous* », « *de donner notre vie en rançon pour la multitude* », c'est-à-dire de suivre les pas du Christ et de marcher sur ses traces. Il s'agit de se laisser prendre par l'amour de Dieu, car c'est lui qui nous forme. « *Le Fils de l'homme n'est pas venu pour être servi mais pour servir* ». Et quand nous pensons qui est le Fils de l'homme, c'est vraiment l'être le plus extraordinaire qui soit. Le Fils de l'homme s'est fait péché pour nous, s'est fait le serviteur de tous, il n'a qu'une chose à donner à ses frères : l'amour de son Père.

Que la joie de Dieu éclate dans nos cœurs car la grâce nous transforme, l'amour de Dieu nous enveloppe et nous demande d'être à notre place qui sera toujours la première place si nous sommes dans la volonté du Seigneur. Nous sommes dans l'amour du Christ et nous construisons ensemble l'Eglise. Que le Seigneur nous donne d'être des serviteurs fidèles, des serviteurs inutiles. Amen !

Trentième dimanche du temps ordinaire

Jérémie 31, 7-9   Hébreux 5, 1-6   Marc 10, 46-52

« *Jésus, Fils de David, aie pitié de moi* ». C'est un appel au secours de cet aveugle qui sait que le Christ passe dans les environs. Il n'a qu'une chose à demander : la pitié de Dieu. « *Seigneur, Fils de David, aie pitié de moi* ». Les disciples qui entourent Jésus le rabrouent parce que cet homme veut s'approcher de trop près du Christ dans la montée à Jérusalem. « *Jésus s'arrête et dit : « Appelez-le ». On appelle l'aveugle et on lui dit : « Confiance, lève-toi ; il t'appelle ». L'aveugle jeta son manteau, bondit et courut vers Jésus. « Jésus lui dit : « Que veux-tu que je fasse pour toi ? » « Rabbouni, que je voie ».*

« *Que veux-tu que je fasse pour toi* ? ». C'est la question que le Seigneur pose à chacun de nous pour tenir dans la foi, pour éclairer notre route, pour nous montrer le chemin. « *Que veux-tu que je fasse pour toi, » « Rabbouni, que je voie !* ». Cette question du Seigneur suivie de la réponse de l'aveugle ne se situent pas seulement au niveau de la cécité charnelle, mais de la cécité spirituelle. Nous ne croyons pas tous comme il faudrait, nous ne voyons pas le Seigneur à chaque instant dans les évènements de notre vie. Le Seigneur nous demande de tout quitter pour aller vers le Seigneur, et de découvrir que c'est la foi qui sauve.

L'aveugle a eu le courage de crier avec assurance et ne pas se laisser impressionner par tous ceux qui empêchent le Christ de marcher sur la route qu'il s'est fixée. Il crie de plus belle : « *Fils de David, aie pitié de moi* ». C'est ce que nous devons faire : il faut demander au Seigneur d'avoir pitié de nous.

« *Fais que je voie !* ». Voir, c'est voir dans la foi. C'est voir dans la plénitude de l'amour, c'est découvrir le mystère du Messie qui n'est pas un Messie triomphant ou glorieux mais qui est un Messie miséricordieux. Cette miséricorde se traduit justement par le fait qu'immédiatement le Christ dit à l'aveugle-né : « *Va, ta foi t'a sauvé* ! ». Et aussitôt, l'homme se mit à voir. Et il suivait Jésus sur la route. Cet évangile nous demande si nous croyons que le Christ est vraiment le Fils de David, c'est-à-dire finalement le Fils de Dieu et qu'il a pitié de nous. Le monde nous paraît dur ou sourd mais c'est souvent nous-mêmes qui mettons les obstacles pour qu'on ne trouve pas ou qu'on n'écoute pas la Parole qui nous est adressée.

La Parole de Dieu a besoin de silence pour s'épanouir. Le silence nous permet d'entendre le murmure de Dieu. Il s'agit d'être en consonance avec le Christ, d'être dans la charité du Christ, d'être dans l'amour du Christ. Il faut voir l'amour de Dieu passer dans nos vies. Si nous nous confions au Seigneur, nous découvrirons le chemin du Seigneur dans nos vies. Il a ses propres chemins qui correspondent à la vocation de chacun d'entre nous ; nous avons à y entrer et si nous sommes pris dans cette grâce du Seigneur, nous bondirons de joie et nous courrons vers le Christ. Nous avons à venir d'un bond vers le Seigneur, nous avons besoin de tout lâcher pour tout découvrir dans l'amour de Dieu.

« *Rabbouni, que je voie* ! ». Quelle demande plus profonde pouvons-nous faire ? Il n'en est pas ! Nous pouvons demander au Seigneur de voir avec les yeux de la foi. Saint Paul demande que nous ayons les yeux illuminés du cœur, c'est-à-dire tout regarder avec les yeux de Dieu, de celui qui est venu sur notre terre et qui est le Fils de David. Nous devons nous confier éperdument au Seigneur, avec la confiance que l'amour seul du Seigneur peut nous donner. Nous pouvons crier « *Fais que je voie* », nous pouvons le crier de tout notre être car nous avons besoin que notre foi grandisse et se développe. La foi est une chose merveilleuse qui croît au fur et à mesure de notre vie et nous mène à la résurrection et à la vie éternelle.

Croyons-nous vraiment à la vie éternelle déjà commencée dans notre cœur qui s'épanouira dans la gloire ? Croyons-nous à cette transformation totale que nous connaîtrons ? Nous serons tout autre et nous serons les mêmes. Nous serons pris dans l'amour de Dieu et nous le connaîtrons face à face. Il faut que la foi nous entraîne, il faut que la foi nous guide, il faut que la foi nous mène au Seigneur.

« *Va, ta foi t'a sauvé* ! ». Cela n'est qu'un point de départ. Bartimée va suivre le Christ sur la route, c'est ainsi que nous devons faire. La grande réalité de ce monde est de se laisser prendre par la confiance qui nous permet de suivre le Christ par amour. Le Seigneur a pris sur lui toutes les faiblesses des hommes. Nous aussi, nous devons demander de les prendre avec confiance et de demander au Seigneur de les transformer.

« *Que veux-tu que je fasse pour toi ? Que je voie* ! ». C'est l'appel le plus fondamental qui soit. Voir ! Voir de nos yeux de foi. Voir de nos yeux illuminés par l'Esprit-Saint. Voir de nos yeux transformés par la gloire de Dieu. Voir de nos yeux nos frères. C'est une chose que nous ne pouvons faire qu'ensemble. C'est toute une communauté écclesiale qui crie : « *Jésus, Fils de David, aie pitié de nous* ». C'est le cri du cœur de l'homme, le cri le plus profond qui soit. Bartimée veut une délivrance physique mais en même temps une délivrance spirituelle. « *Que veux-tu que je fasse pour toi ? Rabbouni, que je voie* ! ». Il n'y a rien d'autre que ce petit discours. Et pourtant, il dit tout, il dit la présence du Christ à cet aveugle. Il dit la délivrance de cet aveugle et il nous demande de croire comme les hommes n'ont jamais cru ! Nous sommes dans un monde matérialiste dans lequel les ronces étouffent la Parole de Dieu. Nous sommes dans un monde terrible du point de vue de la foi. A nous de demander au Seigneur d'entrer dans la foi et de découvrir un monde nouveau plus réel que notre monde, plus profond. Ce n'est pas une sorte de fantasmagorie que nous inventerions, comme une réalité qui n'a pas de consistance. Ce que nous demandons, c'est le roc de la foi, le roc de l'amour, le roc de la vérité.

Nous avons à laisser le Seigneur nous faire bondir et courir vers lui. C'est le seul désir que le Seigneur forme en nos cœurs. Que nous bondissions vers le Christ. Que nous courrions vers Jésus et qu'ainsi nous le voyions, nous dans la foi, comme lui voit son Père. Nous le voyons tout illuminé de gloire et tout transfiguré par la présence de son Père.

Dans l'Eucharistie que nous allons célébrer, demandons au Seigneur qu'il soit notre maître, celui qui nous enseigne à connaître le mystère de Dieu. Le Christ nous dit tout ce que son Père lui a appris, tout ce qu'il a reçu de lui. Demandons au Seigneur que nos yeux s'ouvrent enfin et que nous découvrions la foi comme la richesse par excellence. C'est la richesse qui est au-delà de tout. C'est la richesse même de Dieu. C'est elle que veut nous donner le Seigneur. Il veut se donner tout entier à chacun d'entre nous. Laissons-nous ouvrir le cœur par Jésus. Nous chanterons la gloire de Dieu avec joie, en suivant le Christ. « *Jésus, Fils de David, aie pitié de moi* ». Amen !

Trente-et-unième dimanche du temps ordinaire

Deutéronome 6, 2-6 Hébreux 7, 23-28 Marc 12, 28-34

La parole de Jésus reprend la grande prière d'Israël : *« Voici le premier commandement : Ecoute Israël : le Seigneur notre Dieu est l'unique Seigneur. Tu aimeras le Seigneur ton Dieu de tout ton cœur de toute ton âme, et tout ton esprit et de toute ta force. Voici le second : Tu aimeras ton prochain comme toi-même »*. Le Seigneur nous met en face de l'Unique qui est à notre recherche, qui veut nous rendre semblables à lui et pour cela capables de l'aimer du plus profond de notre être. Le Seigneur nous demande notre cœur. Il désire que nous le rejoignions dans le secret du Père et que nous soyons à lui de toutes nos forces. Le second commandement est semblable au premier. Le scribe le reconnaît et il affirme avec force que tout l'ancien testament demande d'aimer son prochain comme soi-même. Cela vaut plus que toutes les offrandes, que tous les sacrifices.

La véritable profondeur de notre être est notre offrande au Père : c'est notre sacrifice dans le mystère du Christ. En effet, tout cela n'est rendu possible qu'à cause de notre médiateur, le Christ vivant. Le Christ a pris sur lui notre nature de créature, il s'est livré pour nous, pour nous emmener vers la gloire éternelle. Nous avons à aimer pas seulement en paroles mais du plus profond de notre cœur et ce n'est pas facile. Il est peut-être aisé de réciter la prière « Ecoute Israël » mais il s'agit d'aimer Dieu et son prochain en vérité. L'amour est une chose merveilleuse ; il nous met dans le mystère de Dieu et nous fait rencontrer le Seigneur dans la profondeur de son mystère. Alors, nous découvrons que le Seigneur est le Dieu Unique, comme il n'en est pas d'autre.

Nous sommes appelés par le Seigneur à l'aimer de tout notre cœur, de toute notre intelligence, de toutes nos forces et à aimer son prochain comme nous-mêmes. Ce que le Seigneur désire, c'est l'amour mais un amour qui ne fasse pas illusion, un amour qui se laisse rectifier par les autres. C'est dans la vie quotidienne que se manifeste l'amour et que se dévoile la vérité de notre vocation quelle qu'elle soit, religieuse, sacerdotale ou laïque. C'est vraiment du cœur du Christ que jaillit cette exigence de l'amour.

Il s'agit d'aimer le Seigneur à l'infini, de l'aimer comme il nous aime, cela vaut mieux que toutes les offrandes et tous les sacrifices. Vous savez combien, dans saint Matthieu en particulier, le Seigneur insiste sur le don total et l'amène à s'offrir tout entier pour le salut du monde. Il faut être enracinés dans le mystère de Dieu. Aimer Dieu et son prochain résume tous les sacrifices. C'est toute l'alliance de Dieu avec son peuple qui est reprise ici pour s'accomplir dans le mystère du Christ.

Jésus-Christ se livre tout entier jusqu'au bout sans regard en arrière. Il fait la volonté de son Père, il obéit à son Père. Nous avons à découvrir dans le Seigneur *« le grand prêtre qu'il nous fallait : saint, sans tache, sans aucune faute ; séparé maintenant des pécheurs, il est désormais plus haut que les cieux. Il n'a pas besoin, comme les autres grands prêtres, d'offrir chaque jour des sacrifices, d'abord pour ses péchés personnels, puis pour ceux du peuple ; cela il l'a fait une fois pour toutes en s'offrant lui-même »*. Nous ne pouvons pas aimer si nous ne sommes pas pris dans le sacerdoce du Christ, si nous ne somme pas pris dans son intercession en notre faveur. Il faut d'abord confesser le Christ, l'annoncer au monde pour découvrir la profondeur à laquelle le Seigneur nous appelle à vivre. Il y a des zones en nous qui n'ont pas été évangélisées, mais qu'il faut évangéliser. Nous sommes souvent des terres en friche et le Seigneur nous demande de le laisser nous cultiver, nous permettre d'être à lui et de répondre à son amour.

« *Tu aimeras le Seigneur ton Dieu de tout ton cœur, de toute ton âme,de tout ton esprit, et de toute tes forces* ». Le mot « tout » revient inlassablement. C'est le Tout de l'amour. L'amour demande tout. L'amour demande la plénitude du don. Le Seigneur veut que nous le découvrions comme il est, donnant jusqu'à son sang pour que nous soyons avec lui.

Dans l'Eucharistie que nous allons célébrer, nous demanderons au Seigneur de l'aimer par-dessus tout, de l'aimer comme l'Unique. Nous avons à confesser l'Unique, à l'annoncer au monde. Il connaît chacun de nous personnellement et il nous appelle à connaître la joie dans l'offrande qu'il fait de lui-même à son Père. S'il y a un mystère, c'est bien celui du Christ se livrant par amour pour son Père aux mains des juifs et des païens. Le salut du monde est tout entier donné. Si nous sommes toute prière, nous comprendrons que cet amour de Dieu s'enracine dans la vie quotidienne. Il s'agit de dépasser nos impatiences, nos difficultés, nos misères, nos regards sur nous-mêmes. Il faut aller vers le Seigneur le cœur ouvert pour recevoir de lui le même amour. « *Tu aimeras le Seigneur ton Dieu de tout ton cœur* ». C'est le souhait que je fais à chacun d'entre vous. C'est le souhait de l'amour. C'est cet amour qui nous introduira dans le face à face avec Dieu, qui nous fera aimer Dieu pour l'éternité. Quand nous prononçons les paroles des textes de la Parole de Dieu d'aujourd'hui, il faut penser au mystère de la résurrection que le Seigneur prépare pour nous. Il s'agit d'aimer à l'infini, d'aimer d'un amour neuf, d'un amour nouveau. Laissez le Seigneur vous transfigurer pour être ce qu'il veut que nous soyons, c'est-à-dire des êtres d'offrande et de miséricorde. Tout est donné dans l'amour du Père et le service du prochain. Tout est donné avec la toute-puissance de Dieu mais aussi dans sa simplicité. Entrons résolument dans son mystère.

Que le Seigneur vous donne cette plénitude de don qui transforme une vie et la rend fructueuse. Demandons-le au Seigneur et soyons des intercesseurs les uns pour les autres dans la joie de Dieu. Amen !

Fête de Tous les Saints

Apocalypse 7, 2-14 1 Jean 3, 1-3 Matthieu 5, 1-12

En cette fête de la Toussaint, nous chantons le triomphe de la vie sur la mort, le triomphe commencé en Jésus-Christ qui se poursuit dans notre vie. Nous sommes des êtres faits essentiellement pour la résurrection. Nous sommes des êtres faits pour la béatitude, pour le bonheur éternel. Ce que l'Eglise clame aujourd'hui, c'est cette espérance étonnante de connaître le Seigneur un jour face à face et de le voir tel qu'il est. Nous sommes des êtres extraordinaires ou mieux, impensables. Nous pouvons nous jeter dans le cœur de Dieu et y rester pour l'éternité : en disant cela nous pensons à tous les saints.

Les saints sont des hommes comme nous, qui sont passés par les mêmes tribulations que nous. Ils nous appellent de tout leur cœur à faire de même qu'eux, ils nous appellent à faire comme eux pour entrer dans ce mystère d'espérance et de salut.

Croyez-vous à la résurrection de la chair ? Croyez-vous à la vie éternelle ? C'est une vie qui doit vous prendre au plus profond de votre cœur pour le transformer jusqu'à le rendre semblable à celui du Fils unique. Nous chantons aujourd'hui la puissance de l'amour, la force de l'amour, son invincibilité. Il faut se livrer au Seigneur ; c'est lui qui nous donne tout c'est-à-dire tout ce qu'il est. Il est le mystère du Fils dans le Père, et du Père dans le Fils, il est paix, joie, gloire, lumière. Vous avez lu saint Paul, vous avez lu saint Pierre. Il faut les connaître comme des hommes qui sont vos contemporains plus que personne. Il faut découvrir qu'au cœur du mystère de Dieu, il y a des hommes qui ont fait le même chemin que vous, qui se sont donnés avec la même puissance, qui se sont donnés définitivement.

C'est ce que nous demandons, reconnaître le Fils de Dieu éternellement, aimer le Fils de Dieu éternellement. C'est cela la sainteté, et nous sommes tous appelés à la sainteté. Nous sommes tous appelés à ressembler au Fils de Dieu, à lui être semblables. Ce n'est ni un jeu de mots, ni une parole en l'air. « *Voyez comme il est grand, l'amour dont le Père nous a comblés ; il a voulu que nous soyons appelés enfants de Dieu-et nous le sommes* ». Nous le sommes parce que nous sommes à découvert devant Dieu. Son amour est là pénétrant nos vies, transformant nos vies.

Nous avons à rencontrer le Seigneur avec cette espérance à laquelle nous exhorte saint Jean : « *Tout homme qui fonde sur lui une telle espérance se rend pur comme lui-même est pur* ». Nous avons à rentrer dans cette vie dont le chemin douloureux est illuminée par la joie. L'Evangile ne biaise pas devant les persécutions, devant les souffrances, devant tout ce qui atteint le cœur de l'homme en plein cœur.

« *Heureux ceux qui pleurent* ». Qui oserait dire cela sinon le Seigneur ? Qui oserait dire cela si ce n'est celui qui est passé par la mort et par la résurrection, celui qui est entré dans la vie éternelle pour nous tous ? Nous sommes des être extraordinaires parce que nous proclamons le bonheur dans ce monde de misères, dans ce monde d'atrocités, dans ce monde de souffrances. Le Seigneur est là pour nous dire de croire que son amour triomphera de tout, que l'amour détruira tous les obstacles, que le Seigneur est le Seigneur et qu'il nous aime.

Nous avons tous à découvrir la splendeur de l'amour, cette splendeur qui transfigure tout, qui donne aux hommes d'être différents de ce qu'ils sont lorsqu'ils s'ouvrent au mystère du Seigneur. Découvrir Dieu ! Chanter Dieu ! C'est ce que nous ferons dans l'Eucharistie. La vérité fondamentale réside dans le fait que nous sommes des enfants de Dieu. Est-ce que nous nous comportons en enfants de Dieu ? Est-ce le regard du Christ posé sur nous à chaque instant qui commande notre vie ? Est-ce le regard du Christ qui nous transforme et nous transfigure ? Nous le savons « *lorsque le Fils de Dieu paraîtra, nous serons semblables à lui par ce que nous le verrons tel qu'il est* ». Saint Jean nous dit aussi : « *Tel il est lui, tels nous sommes, nous, dans le monde* »(1 Jn 4, 17).

Nous sommes comme le Christ en ambassade dans le monde pour lui. Nous sommes appelés à entrer dans le Royaume de Dieu, à le découvrir dans son intégrité, comme des êtres nouveaux qui regardent les choses comme s'ils ne les avaient jamais vues. Est-ce vraiment le regard du Christ sur le monde, sur votre être, ce regard qui plonge au plus profond de nous-mêmes qui est le plus important pour vous ?

Croyez-vous à la vie éternelle ? L'Eglise nous demande de confesser aujourd'hui cette vérité de foi, de confesser que le Seigneur est le Seigneur et qu'il peut tout. Je vous souhaite de découvrir que le Seigneur est le Seigneur et qu'il vous aime personnellement. Il vous aime comme jamais vous ne pourrez être aimés. Nous n'avons qu'à répondre à l'amour. Nous sommes appelés à nous rencontrer face à face avec le Christ. Pensez-vous quelquefois à ces visages que nous retrouverons dans la vie éternelle ? Pensez-vous à ces visages qui sont déjà partis et qui, cependant, demeurent ? Demandons au Seigneur de le découvrir dans la joie, de découvrir que nous avons à aimer avec cette puissance qui nous livrera à la transformation totale de notre être. Nous serons heureux de pouvoir nous regarder les yeux dans les yeux et nos pourrons regarder le Seigneur les yeux dans les yeux de l'amour. Il n'y a que l'amour qui compte.

En cette fête de la Toussaint, fête de tous les vivants dans l'Eglise (nous fêterons nos défunts demain parce qu'ils font partie aussi de cette Eglise en marche), je voudrais que vous reteniez surtout que nous verrons le Seigneur tel qu'il est, nous le verrons avec cette plénitude d'espérance et de joie, avec cette pureté que lui seul peut créer en nous. Nous demanderons au Seigneur de rentrer dans cette plénitude. Il n'est que pour cela. Il ne vient que pour cela. Notre chant tout à l'heure sera un chant d'action de grâces au Seigneur qui nous a aimés jusqu'au bout. Nous n'avons pas d'autre chose à faire que de fonder notre vie sur le Christ et de l'aimer. Alors, tout vous sera donné. Tout est donné dans l'Evangile. Faire la volonté de Dieu amène à tout recevoir du Seigneur. Demandons au Seigneur de rentrer dans cette miséricorde qui est la sienne, de nous laisser porter et nous serons heureux, heureux du bonheur des cieux. Dans les béatitudes, le Christ chante, c'est une hymne qui chante l'amour de Dieu. Que notre cœur chante de la même façon l'amour de Dieu, même si on nous insulte ou si on nous persécute : nous nous réjouirons dans l'allégresse éternelle.

Réjouissez-vous et soyez dans l'allégresse. Nous porterons tous ceux qui souffrent, tous ceux qui sont démunis, malades et nous serons des enfants de Dieu heureux d'imiter leur Père avec tout l'amour dont le Seigneur les rend capables. Amen !

Trente-deuxième dimanche du temps ordinaire

1 Rois 17, 10-16   Hébreux 9, 24-28   Marc 12, 38-44

« *Vraiment, je vous le dis : cette pauvre veuve a mis dans le tronc plus que tout le monde* ». C'est l'éloge du Christ devant cette pauvre veuve venant donner son offrande au temple. Elle ne garde pas pour elle les deux piécettes qui lui appartient. Elle se donne toute entière et, par le geste qu'elle fait, elle se livre toute entière au Seigneur. « *Tous, ils ont donné de leur superflu, mais elle, de son indigence : elle a tout donné, tout ce qu'elle avait pour vivre* ». Nous voyons à quel point le Seigneur voit les choses dans leur vérité. Ils ont pris de leur superflu. Cela ne coûte guère. Mais elle, la veuve, elle a pris de son indigence. Il n'y a pas de plus beau témoignage rendu par le Christ auprès de tous ceux qui l'entourent. Il le fait solennellement dans le temple, devant la salle du trésor. C'est avec une ouverture très grande qu'il se donne à nous tous. Ce qu'il veut, ce qu'il attend de nous, c'est notre cœur. Il attend notre cœur, il attend notre indigence. Il attend notre dénuement. Nous sommes faibles. Nous sommes pauvres. Mais le Seigneur prend cela sur lui. Cela devient une réalité fondamentale.

Il y a une correspondance d'amour entre le Christ et son Père, c'est la réalité de la charité, avec en plus, un superflu qui est donné. Tout cela nous pouvons le comprendre parce qu'il y a la lecture de la lettre aux Hébreux. « *Le Christ n'est pas entré dans un sanctuaire construit par les hommes, qui ne peut être qu'une copie du sanctuaire véritable ; il est entré dans le ciel même afin de se tenir maintenant pour nous devant la face de Dieu* ». Le Seigneur réclame tout notre être. Il nous demande de nous donner entièrement. Ce don est possible parce que le Christ s'est donné à son Père. Le Christ s'est donné librement pour tous les hommes. Il est vraiment le sanctuaire. Au centre, il est le mystère de Dieu présent parmi nous. Il est entré dans le ciel pour intervenir pour nous. C'est pourquoi, nous n'avons pas à répéter le sacrifice. Nous avons à chanter sa gloire. Ce que le Seigneur a fait, il l'a fait pour nous, une fois pour toutes. Il a détruit le péché par son sacrifice. Nous devons reconnaître et découvrir dans le sacrifice du Christ ce qui nous prend au plus profond de notre être. Nous sommes engagés avec le Christ dans cette miséricorde infinie.

Il s'est offert pour le péché. Les chrétiens doivent s'offrir pour les péchés du monde. Nous sommes des être appelés à nous livrer au Seigneur tout entiers sans regard en arrière. Le Seigneur nous donnera tout dans la mesure où nous nous livrerons. Dans l'évangile, la loi la plus importante est celle de la miséricorde qui nous entraîne dans la vie du Seigneur. Il veut que nous lui soyons semblables, il veut que nous l'imitions et il nous demande de participer au sauvetage de la multitude. Il s'est manifesté pour détruire le péché par son sacrifice. Il est tout donné et tout livré. C'est le cœur de notre vie qui est pris par le Christ et qui nous permet de passer dans la vie céleste. Le sort des hommes est de mourir une seule fois puis de comparaître pour le jugement.

C'est pourquoi le Christ s'est offert une seule fois mais pour revenir. Il apparaîtra une seconde fois non plus à cause du péché, mais pour le salut de ceux qui l'attendent. C'est un chant d'amour : le Christ n'a besoin de s'offrir qu'une seule fois. Il reviendra. Il se manifestera pour la seconde foi pour nous introduire dans le royaume de Dieu dilaté à ses vraies dimensions, pour le royaume de Dieu ouvert à tout.

Attendons-nous le retour du Seigneur ? Attendons-nous ce salut qui nous est offert ? Si vous lisez Pierre, Paul, Jacques ou Jean, vous découvrirez que ce qui importe pour eux, c'est cette attente de la seconde venue du Christ. Le Christ est venu pour prendre sur lui toutes nos fautes, toutes nos misères. Il reviendra dans la gloire. Nous aurons à le reconnaître. Le Christ a souffert sa passion pour que nous le voyons face à face.

Demandons au Seigneur dans cette Eucharistie d'entrer avec le Christ dans le ciel. Nous y sommes déjà. La vie éternelle est déjà commencée. Nous sommes entrés dans le ciel puisque notre vie est cachée en Dieu au plus profond du mystère du Seigneur. Il s'agit d'entrer dans le ciel et de se tenir devant Dieu. C'est ce que fait le Christ pour nous. Il est notre intercesseur, celui qui nous aime vraiment, celui qui prend à son compte tous nos péchés, celui qui paraît devant le Père comme le Fils de Dieu immaculé mais rougi par le sang de nos péchés.

Il faut que notre cœur chante, il faut que notre cœur se réjouisse de ce don que nous avons à obtenir du Seigneur. C'est un don total qu'il nous fait, il s'est livré jusqu'à la mort. Demandons au Seigneur de nous livrer jusqu'au bout, d'être pris dans cette attente du salut. Nous ne pensons pas assez souvent que le salut est déjà là et qu'il vient. Nous pensons qu'il faut aller très loin pour regarder le Seigneur, voir qui il est et puis nous livrer à son mystère. Attendre. Le Christ nous attend. Le Christ attend l'achèvement de son corps. Il est venu pour que nous fassions un seul corps, pour que nous soyons une seule vie, pour que nous soyons un seul mystère, portés par son Père dans la foi et dans l'amour. Nous avons à entrer dans cette attente. Le Christ apparaîtra une seconde fois, mais non plus dans son vêtement d'humilité mais dans son vêtement de gloire et de sainteté. Ce que nous avons à demander pour nous-mêmes, c'est cette gloire qui est la gloire du Seigneur, cette sainteté qui est la sainteté du Seigneur. L'amour du Seigneur nous élèvera dans le mystère du Père qui nous le fera connaître parce que nous l'attendons. Il s'agit d'attendre comme la pauvre veuve. Tout ce que nous donnons au Seigneur, il nous le rend au centuple. Il nous l'offre en une seule fois par ce qu'il s'est exposé sur la croix pour le monde dans l'amour du Père.

Je voudrais que vous découvriez la place du grand prêtre qu'est le Christ. Il offre son sang qui est le sien. Il offre son sang qui est celui du monde entier qu'il a pris sur lui et il nous libère du péché par son sacrifice. Rendons grâces à Dieu d'être libérés du péché par son sacrifice. Donnons-nous à lui dans la plus grande humilité mais aussi dans la plus grande confiance. Le Seigneur est vraiment le Seigneur et il nous aime et nous connaît chacun personnellement. Laissons-nous faire. Le Seigneur fera le reste. Ayons la certitude que l'Evangile est source de cette vérité qu'exprime la veuve. Il s'agit de se donner jusqu'au dénuement, jusqu'au bout, totalement. Elle imite le Christ. Nous avons à faire comme elle c'est-à-dire vivre du dénuement de la veuve. Elle nous montre la voie, elle nous montre où nous allons. Qu'elle soit bénie et qu'elle nous enseigne à son tour ce que nous avons à faire. Tout donner pour la gloire de Dieu. Amen !

Trente-troisième dimanche du temps ordinaire

Daniel 12, 1-3 Hébreux 10, 11-18 Marc 13, 24-32

En cette fin d'année liturgique, l'Eglise nous met devant une grande exigence, celle de prier et d'être toute prière pour recevoir le Christ qui va venir sur les nuées avec puissance et grande gloire. Il s'agit pour nous de prier. La prière fait l'homme et nous sommes à la mesure même de notre prière. La prière nous est demandée par le Seigneur pour que nous soyons prêts à le recevoir. Veillez et priez. C'est l'exhortation du Seigneur la plus simple et la plus profonde. Priez ! Demeurez dans la prière. Demeurez dans cette attitude de contemplation et de demande du Seigneur pour le rencontrer

Nous sommes appelées à rencontrer le Seigneur et le ciel est la grande réalité de notre existence. Nous sommes appelés à être à jamais auprès du Père avec son Fils et les images que Jésus emploie sur les étoiles qui tombent du ciel sont des expressions pour traduire la détresse de la création devant son Créateur. Mais ce n'est pas une détresse pour l'Eglise car pour elle, tout est lumière. Il s'agit en effet du jugement du Seigneur. Le Seigneur vient. Il est proche et nous pouvons attendre sa venue avec confiance.

Son jugement n'est pas celui d'une bourreau ni de quelqu'un qui nous serait extérieur. C'est le jugement de celui qui habite le plus profond de notre cœur, qui nous appelle à le rejoindre, qui nous appelle à le reconnaître pour être avec lui. Nous devons aborder le jugement avec sérénité dans la lumière, avec joie puisque le Christ est venu sauver le monde. « *Je ne suis pas venu dans le monde pour le juger mais bien pour le sauver* » (cf.. Jn 3, 17). Il faut demander au Seigneur d'être vigilants pour attendre le

Christ, de veiller afin de ne pas être surpris. C'est possible puisque tout est fondé sur l'unique sacrifice du Christ qui s'est offert et qui est maintenant assis à la droite du Père.

Tout repose sur le mystère du Christ déjà auprès de son Père. Nous savons que si nous sommes de bonne volonté et si nous demandons au Seigneur son pardon, il nous est accordé. Il nous est accordé à l'infini de la miséricorde du Seigneur. Dieu nous aime, Dieu nous aime chacun par notre petit nom. Il nous connaît comme personne ne nous connaîtra jamais. Il pénètre en nous pour nous révéler ce qui apparaîtra à la fin des temps. Tout sera dans la lumière. Quand vous pensez au jugement pensez à la lumière qui éclaire, à la lumière qui sauve, à la lumière qui est toute transparence d'amour. La lumière du jugement est une lumière de vérité, d'amour, de paix, de joie et le Seigneur nous y engage.

Demandons au Seigneur, dans l'Eucharistie que nous allons célébrer, de découvrir le Seigneur qui nous attend. Il est auprès du Père. La porte est proche. Il est près de chacun d'entre nous. Aussi courte que soit notre vie, il est auprès de nous et il nous sauve.

Remettons-nous au Seigneur complètement parce que le ciel et la terre passeront mais les paroles du Christ ne passeront pas. Louons le Seigneur, chantons son nom, chantons ce sauvetage qu'il fait de nous-mêmes et tout se manifestera dans la lumière et nous serons lumière les uns pour les autres. Que la joie et la paix de Dieu soient dans votre cœur. Amen !

Trente-quatrième dimanche du temps ordinaire

Le Christ Roi de l'Univers

Daniel 7, 13-14 Apocalypse 1, 5-8 Jean 18, 33-37

L'évangile nous donne une scène étonnante de la vie du Christ au cœur de sa passion à méditer. C'est l'interrogation suprême sur le mystère du Christ. *« Pilate demanda à Jésus* : « *Es-tu le roi des Juifs ?* ». La question va droit au cœur du Christ car il a toujours refusé de s'engager dans la politique de puissance que voulait pourtant ses disciples. Rappelez-vous le nombre de fois où Jésus est parti seul dans la montage pour prier. Cela se comprend.

Sa royauté est toute différente de la royauté des hommes, c'est celle de son Père qui est dans les cieux. Son Père l'a appelé à être roi. Et à la question de Pilate : « *Alors tu es roi ?* ». Jésus répond par une affirmation la plus extraordinaire qui soit : *« Tu l'as dit : Je suis roi. Je suis né, je suis venu dans le monde pour ceci : rendre témoignage à la vérité. Tout homme qui appartient à la vérité entend ma voix ».*

*« Je suis né, je suis venu dans le monde pour ceci : rendre témoignage à la vérité ».*La royauté du Christ se définit par la vérité à laquelle le Christ rend témoignage. Lui qui est bafoué, lui dont on se moque, lui, un pauvre déchet humain, il est le témoin fidèle, il est la sagesse divine, le voilà proclamé roi. Il se proclame roi de la vérité, roi de cette vérité qui est au cœur du monde et qui est le cœur de la vie du Christ, vérité qui veut nous transformer.

En quoi consiste : rendre témoignage à la vérité ? C'est répondre à l'amour du Père. C'est répondre à l'appel qu'il y a sur le Christ. Son Père est toute vérité, le Christ est toute vérité, témoin fidèle par excellence auquel personne ne peut être semblable puisque Dieu est Amour. C'est tout l'amour du Christ qui se manifeste dans cette scène. Elle commande toute la suite de l'évangile. Pilate mettra sur le bois de la croix un écriteau *« Jésus de Nazareth, roi des Juifs »*. Les Juifs interviennent auprès de Pilate pour mettre : « *Cet homme a dit : Je suis le roi des Juifs* » Mais Pilate répond : « *Ce qui est écrit est écrit* ».

Il s'agit de découvrir la royauté du Christ, cette royauté ineffable, cette royauté prise dans l'amour que le Père a pour son Fils de toute éternité. Nous sommes engagés dans le mystère de celui qui est l'alpha et l'oméga. « *Je suis celui qui est, qui était et qui vient* », le Dieu tout-puissant. La royauté du Christ est la confirmation pour le monde de l'amour du Père qui est sur chacun d'entre nous. Dieu nous aime. Dieu nous aime à l'infini et la royauté du Christ est la proclamation de cet amour qui pénètre en chacun d'entre nous, nous dévoile au plus profond de nous-mêmes pour répondre au témoignage de Dieu. Qu'avons-nous en effet à faire devant ce témoignage si étonnant du Christ, sinon correspondre à ce que dit le Seigneur ? Il s'agit de découvrir que le Seigneur est le Seigneur dans l'amour du Père et qu'il n'est là que pour rendre témoignage à la vérité. Ne soyons pas inquiets de cette affirmation : je ne suis né, je ne suis venu dans le monde que pour rendre témoignage à la vérité. Nous avons besoin d'hommes de vérité, d'hommes transformés par la présence de l'Esprit en eux. Pilate ne sait plus ce qu'est la vérité puisqu'il pose la question « *Qu'est-ce que la vérité ?* ». Face à des doutes si insidieux, nous avons à rendre témoignage que le Christ a vraiment fondé l'Eglise, qu'il nous a engagés dans son mystère et veut nous y engager toujours davantage. Le Christ a attendu si longtemps pour dévoiler qui il est !

Le Seigneur, en conséquence, nous demande d'être un vivant témoignage de la vérité. Soyons pris par l'amour du

Père. Correspondons à l'amour du Père des cieux et entrons dans cette vie qu'il nous offre. « *Tout homme qui appartient à la vérité écoute ma voix* ». Le Christ est renié, rejeté, martyrisé à mort et malgré tout cela, les hommes adhèrent à la vérité parce que le Père les y appelle, parce que le Père veut que les hommes répondent à l'amour du Fils. Nous avons à écouter cette vérité du plus profond de notre cœur. La passion du Christ est la proclamation à la face du monde entier, de façon décisive, de ce qu'est le Christ. Il est le roi de l'univers. Il est le roi de nos vies. Il est le roi qui est tout près de chacun d'entre nous. Il est là pour nous, il est mort pour nous. C'est dans la liberté que le Christ s'est livré.

Je voudrais que vous sentiez cette puissance de liberté qui existe dans le Christ. C'est la puissance de l'amour, d'un amour qui se livre tout entier. Nous avons à rendre témoignage chacun à notre place ; nous sommes nés pour cela, pour rendre témoignage à la vérité. Rendons-nous témoignage à la vérité ? Cette vérité nous touche t-elle au plus profond de nous-mêmes et nous force t-elle à porter témoignage comme le Christ, dans le Christ, avec le Christ ? Ne gardons-nous pas encore au cœur des images du Christ triomphant, mais d'un triomphe terrestre alors que le triomphe du Christ a toujours été un triomphe pour la vérité, pour la simplicité, pour la splendeur de la vérité ?

Demandons ensemble au Seigneur de rencontrer Jésus qui est là, près de nous, qui est là en nous, qui vient vers nous et qui se livre dans un témoignage d'amour. Tout homme qui appartient à la vérité écoute ma voix. C'est la voix de l'amour. C'est la voix de la dignité. Dieu veut que nous soyons intimement unis à la personne du Christ dans une entière liberté. Toute la vie des apôtres consistera à témoigner de la vérité qui est dans le Seigneur, de la vérité que nous découvrons.

Relisons ce texte de saint Jean pour nous rendre compte combien il témoigne de ce qui est arrivé à Jésus et du beau témoignage qu'il rendu devant Ponce-Pilate. Il témoigne avec la puissance de l'amour, avec la fidélité de l'amour, avec la simplicité de l'amour, avec la générosité de l'amour. Nous avons à aimer. L'évangile ne nous appelle qu'à cela. Même si aimer est très difficile. L'amour rend tout possible. Nous pouvons aimer parce que Dieu aime, parce que le Christ aime, parce qu'il s'est livré pour nous et que notre vie est une vie dans la foi au Christ qui s'est livré pour nous.

Dans l'Eucharistie que nous allons célébrer, nous demanderons au Christ de découvrir la vérité, de découvrir cette vérité qui est sur chacune de nos vies. Nous avons besoin de l'Esprit-Saint pour cela. Nos vies sont marquées par le signe du Seigneur et c'est qui nous appelle à lui répondre de telle ou telle façon.

Demandons au Seigneur de rentrer dans ce mystère avec joie. Nous sommes ouverts au mystère de la Trinité toute entière. Elle veut nous habiter. Elle veut vivre en nous. Elle veut s'affirmer en nous.

Que la royauté du Christ pénètre chacun de vos cœurs et vous donne d'être des hommes nouveaux, des hommes libres, des hommes qui rendent témoignage à la vérité. Amen !

TABLE DES MATIÈRES

Achevé d'imprimer le 11 octobre 1999
sur les presses de Dominique Guéniot,
imprimeur à Langres - Saints-Geosmes

Dépôt légal : octobre 1999 - N° d'imprimeur : 3750